a invito un café

Sanando las heridas del **abuso** sexual

Te invito *a un* café

Sanando las heridas del abuso sexual

Lcda. Jessica X. Fuentes Cátala

Consejera Profesional

Puerto Rico

2024

Te invito un café:
Sanando las heridas del abuso sexual

ISBN-13: 9798872262428

Primera Edición

Rev. 20 de enero de 2024

jessicaxiomaracpl@outlook.com

Editora: Priscilla Colón
info@casaareyto.com

Diseño editorial, diagramación y
maquetación por Roberto Pérez Reyes

canbalunlimited@gmail.com

Impreso por Kindle Direct Publishing,

una compañía de Amazon.

Notas del Café

"Para mí, este libro es una oportunidad para conocer las vivencias de una persona que me ha brindado una amistad genuina. Me gusta conocer a las personas, no por encimita, sino a profundidad porque cada persona tiene algo o mucho que aportar a nuestra experiencia de vida. Conocer a alguien y el porqué reacciona como reacciona a los diferentes retos de la vida, me ayuda a no juzgar, a no condenar, a querer a los demás respetando su historia. Así fue que conocí a Jessica, mi co-aprendiz, mi amiga, leyendo lo que nos quiere decir y tomándome un café."

—Naida L Miranda Suárez, M.A.,
ayudante especial de gobierno

"Este libro representa el inicio de la vida en libertad al perdonar, al perdonarse, dejando atrás sucesos incontrolables que no podemos borrar, pero sí tenemos el poder de superar, aprendiendo que a través del perdón nos liberamos de la carga más que pesada y así continuamos y construimos momentos de felicidad como lo ha hecho la autora de este libro junto a su taza de café."

—Harry Torres Guzmán,
piloto de helicóptero, comerciante

"Jessica es una guerrera incansable. Es fuerza, energía y optimismo para todos los que la conocemos. Sus vivencias le han permitido desarrollar fortaleza, empatía, humildad y un corazón puro para todos los que la rodean. Es un espíritu libre y en constante búsqueda de la justicia, el empoderamiento, dominio y amor propio. En este libro, en cada palabra, cada frase y cada oración, Jessica plasmará todo lo que la ha llevado a ser la mujer que es hoy. Sé que este libro será de crecimiento, autoayuda y reflexión para todos los que han pasado por procesos similares a los de Jessica. Me siento honrada de haber conocido a una mujer tan maravillosa, a la cual puedo llamar amiga."

—Lcda. Wanda González Otero,
nutricionista, dietista

"¡UFFF! Este libro podría representar una herramienta fundamental para la sanación de muchas culpas que cargo y no me pertenecen. Jamás pensé que Dios me cruzaría en el camino con una mujer tan valiente como la autora de este libro y mucho menos poder hablar de esto."

—Sarahí Rivera Rivera,
mamografista

"Así como el café, el mosto (la primera y más prístina y pura vendimia del vino), la autora de esta necesaria y oportuna obra tuvo a bien atravesar un proceso de introspección, desarrollo y crecimiento intraindividual, que adviene como la consecuencia natural del encuentro con uno mismo, como la necesaria reacción de un proceso de crecimiento que emana de las experiencias de vida, las mismas que nos obligan al fortuito y furtivo proceso de curarnos, sanarnos, paso a paso, día a día, escalando un nuevo peldaño por ser mejores seres humanos, mejores personas; amar de manera colectiva para que, en suma, seamos mejores seres humanos. Esta obra habrá de ser un bálsamo para todo aquel/lla que tenga a bien enriquecerse con la misma."

—Javier Irizarry Moyet, Ph.D.,
psicólogo

"Tengo el gusto de conocer sobre este libro desde que era una semilla, un pensamiento en la mente de la autora que se planteaba domar el miedo al papel en blanco para atreverse a la catarsis que supone escribir sobre una experiencia vivida. Fueron muchas las conversaciones, los mensajes, las lecturas, los borradores y las ideas que compartimos durante el proceso y justo por eso me siento parte de este resultado, igual de emocionada que Jessica por ver este sueño cumplido. Les aseguro que será una lectura transformadora, una herramienta que la autora comparte con las víctimas de abuso sexual desde su desgarradora experiencia y desde su formación profesional como consejera, que busca ofrecer herramientas de sanación, perdón y crecimiento. El componente práctico del libro invita a los lectores a evaluarse desde la acción e identificar las diferentes etapas que enfrenta una víctima de abuso sexual, pero no tendrán que hacerlo solos y ese es uno de los propósitos más hermosos de este libro: acompañar, curar, liberar. Gracias por confiar en mí para acompañarte en este proceso. Te repito lo que te dije en aquella primera reunión: este libró tocará muchas vidas."

—Yarimar Marrero Rodríguez,
escritora, periodista y socióloga

"Eres Ser de Luz, Mujer incansable, Guerrera por naturaleza. En donde algunos ven problemas sin solución, tú ves no solo una solución sino varias. Este libro donde plasmas experiencia, sé que será uno de sanación, liberación, reconciliación y apoyo para ti y todo aquel que lo lea. Gracias por ser la diferencia."

—Joan Román Figueroa, M.A.
sonagrafista

"Si bien es de conocimiento que un momento junto a tus amigas es especial, añadirle ese toque de café lo hace mágico. La magia que contiene una taza de café puede reducir, aliviar y renacer hasta el más duro corazón. Nos hace creer que todo tiene solución y por un instante, solo por un instante, todo es perfecto. Una amiga y un café nos aleja de ese positivismo tóxico que nos bombardea constantemente en las redes sociales y nos invita a abrirnos a una inteligencia emocional que aunque sea compartida, nos permite sentir y vivir los procesos de manera más sabia. Este libro invita a pausar y a mirarnos a profundidad, a reconocer esas heridas a sanar. Te invito a leer el libro, para juntos sanar y que ese café sea menos amargo. Aceptemos esta invitación, vivamos ese momento juntos."

—Rosanel Meléndez, M.A.
maestra

Dedicatoria

Luego de muchos años e intentos por terminar este libro, ¡aquí está! Cuando pienso a quién o a quiénes dedicarlo, primero que todo vienen a mi mente cada una de las personas que aun sin conocerlas han pasado por la experiencia de haber sufrido alguna agresión sexual. Ellos/as son la razón de ser de este libro y lo merecen.

Por otro lado, también dedico este libro a aquellas personas que fueron lastimados/as por mi lado vulnerado a consecuencia de las heridas de abuso sexual no sanadas. Independientemente no haya tenido la culpa de estos actos, no se me exime de la responsabilidad de sanar, crecer y buscar la mejor versión de mí. Esto no es una forma de autoculparme, sino de aceptar, perdonarme y entender que al igual que el grano de café necesita de una mayor altura para una mejor calidad, el ser humano (en este caso, yo) requerí de una mayor humildad y amor propio para encontrar y vivir una vida plena.

A todas esas personas, aquí este libro que, para mí, es invaluable y no se merecen menos. En especial a ti, Nicole Sofía Montoya Fuentes, te entrego uno de mis mayores regalos porque igual has sido esa persona que desde que te tuve en mis brazos me ha inspirado a hacer una mejor persona. Todavía recuerdo el día que conversamos sobre el tema del libro y tu respuesta tan empática y sabia al decirme: Mami, gracias por la confianza de contarme.

¡Ya lo tienes en tus manos! ¡Hazlo tuyo!

Nicole Sofia Montoya Fuentes

Contenido

Contenido

Agradecimientos

¡Hay tanto que agradecer! Desde que comprendí que nada pasa por casualidad agradezco primero que todo a Dios por cuidar de mí siempre y, sobre todo, guiarme hasta poder conocerle como uno de amor. A mi familia, que siempre me acompaña y que desde sus posibilidades intentaron dar de ellos lo mejor. Aprovecho para esparcir amor sobre ellos/as porque son parte de mi historia y vivo agradecida por ello.

En especial a:

Mami, (Alida Cátala González) gracias por traerme al mundo. Atesoro que hayas sido y seas una madre presente. Sobre todo, que desde tus experiencias hicieras todo lo que estuviera en tus manos para cuidarme y amarme. Yo te amo con la vida.

Papi, (José Luis Fuentes Torres) gracias por sentirte orgulloso de mi desde siempre. Recuerdo tus palabras cuando me decías: estudia y se alguien de bien. Aunque me decías que fuera abogada porque todo te lo cuestionaba, aquí estoy escribiendo un libro y muy feliz. Te amo.

Little sister, (Erika C. Fuentes Cátala) gracias por ser y estar incluso en momentos sumamente difíciles como luego del impacto del Huracán María donde hiciste tu casa el hogar de nuestras sobrinas y de La Nico. En mi historia siempre serás ese ser que lucha y ama incansablemente. Te abrazo, te amo y agradezco a Dios que seas mi "pequeña hermana" de un gran corazón.

Hermano, (Joardavid García Cátala) gracias por el tiempo que estuviste en mi vida. Ya no estás físicamente, pero siempre estás presente conmigo y ahora grabado en este libro. Recuerdo nuestra última conversación y aunque se que no puedo regresar el tiempo te confieso que me hubiese gustado hacerte las preguntas que no hice, pero, sobre todo me hubiese gustado permanecer más tiempo en ese último abrazo. Si, te extraño.

A mis amigos/as del camino que sin importar el tiempo que han estado en mi vida, incluso si no están, porque fueron maestros/as, espejos que me revelaron que mi herida estaba presente y requería de mi atención.

Por otro lado, a esas personas y cosas que me fueron ocurriendo por el camino que me confirmaban y me decían de manera muy directa: Jessica, acaba ese libro ya. ¿Qué esperas? Ejemplo de ello, el llegar a trabajar a Miranda CPL, donde al momento ofrezco terapias a través de consejería en línea. Escuchar las historias de mis clientes me llevaron precisamente a adentrarme más aún a esa mirada humanista de las intervenciones desde la experiencia de las heridas emocionales, dándome cuenta de que ese era uno de los ingredientes finales para poder invitarte a un café.

Por último, pero no menos importante a Yarimar Marrero Rodríguez y a Lourdes Ortiz Berrios quienes fueron mentoras en esta aventura de escritura y en el proceso de sanación. Les estaré eternamente agradecida por su si desprendido y apoyo incondicional. Gracias a ustedes también puedo decir que las acompaño en el listado de escritores/as.

En fin, a todos/as gracias, gracias, gracias...

Prólogo

Es un honor para mí prologar la obra de una mujer que valoro y admiro profundamente. Jessica Fuentes Cátala llegó a mi historia en el 2016 como parte un Taller de Crecimiento Personal que ofrecimos en la ciudad donde reside, dirigido a sanar las heridas de la historia. Fue un privilegio acompañarla en esta etapa de su proceso de liberación de las heridas del abuso sexual y presenciar el desplazamiento de sus alas para emprender un nuevo vuelo desde la grandeza de su ser.

Aún recuerdo su mirada, resonancias corpóreas y sus lágrimas al narrarme parte de su historia, quizás la más dolorosa y permitirme entrar en su terreno sagrado para, tomadas de la mano, descubrir el camino de reencuentro con su manantial interior.

Durante la escritura del prólogo de este libro, tuve la compañía del café, mezclado con mis propias lágrimas, elementos que Jessica desarrolla en su libro como parte de su sanación. Este libro no solo encierra en su narrativa la historia de Jessica, sino que con su testimonio abre caminos de liberación para vidas lastimadas por el abuso sexual.

Te invito a un café es un viaje que permitirá a quienes recorran sus páginas sanar y a la vez descubrir que pueden ayudar a otros a sanar, como lo ha hecho su autora. Utilizando la analogía con el proceso de cultivo, florecimiento y preparación del café, nos lleva por un recorrido donde nos relata cómo su propia vida atravesó y sigue atravesando estas etapas para llegar a ser la mejor versión de sí misma o el mejor sabor del café.

Las alarmantes estadísticas de abuso sexual que la autora nos comparte en el libro recogen aquellos casos reportados, pero sabemos por nuestro trabajo en Puerto Rico y comunidades latinas, que son muchas más las historias de abuso que permanecen en el silencio, corroyendo la vida de personas que fueron mal tocadas en épocas tan tempranas donde se desarrolla el sentido de confianza y seguridad propias.

Tener la valentía de escribir estas líneas nos habla de las cualidades que describen a nuestra autora. No son muchas los/las sobrevivientes que se lanzan a hacer de su historia un café para que otros beban, sanen y reconecten con la verdadera esencia del ser, que no es otra cosa que limpiarnos de las falsas ideas y sentimientos que brotan de la herida y nos llevan a vivir atrapados en reacciones mal sanas que nos desvían de nuestra autenticidad.

Quien ha vivido la experiencia del abuso sexual se enfrenta de modo continuo al concepto propio distorsionado de no sentirse querida ni capaz. Lucha con el temor al rechazo al no haber logrado entender y atender la vergüenza y la culpa que se generan ante el peor acto de violencia que se puede recibir, el abuso sexual. Este proceso, Jessica lo explica con claridad mostrando una ruta para la liberación de la culpa.

Según Melody Beattie, el abuso sexual puede llegar a causarnos una descomposición interior de tal naturaleza que en ocasiones no se logran superar las secuelas del trauma. Un trauma comprende una o varias experiencias que llevan a la persona a desconectarse de su vitalidad, llegando en ocasiones a distorsionar su autopercepción y a perder el sentido de la existencia. Quien sufre una vivencia traumática puede quedar con partes de su vida congeladas o bloqueadas, viéndose limitada a acceder al verdadero caudal de virtudes que posee, a su identidad real.

El abuso sexual es considerado un trauma que requiere en ocasiones de tratamientos y apoyo de larga duración. La autora nos muestra a través de su propio proceso sanador y con herramientas de trabajo personal, aquello que le permitió reconciliar su historia, transitar caminos del perdón y armonizar su ser en las dimensiones física, emocional, social y espiritual.

"Reconcíliate contigo, con tu ser, con tu historia, con tu cuerpo. Esto te permitirá transitar por la vida en plenitud", palabras que nuestra autora expone en el libro y que recogen la ruta que nos propone de hacer de la vida una obra maestra desde la realidad vivida por muy dolorosa que pueda ser.

Con este libro se abre una nueva historia para su autora, una historia de plenitud al abrir sus brazos para donar su proceso y ser chapolera para que otras personas descubran que es posible liberar el dolor. Se abre una nueva historia para quienes serán tocados por su inspirador testimonio y el camino de liberación que nos comparte.

Lourdes M. Ortiz-Berríos MTS
Trabajadora Social
Coordinadora, Focusing Puerto Rico

"Hay cosas que no deberían pasar, pero si nos ocurren y las atravesamos desde la consciencia interior y el amor de los que permanecen a nuestro lado, siempre renacemos."

—Lourdes M. Ortiz-Berríos

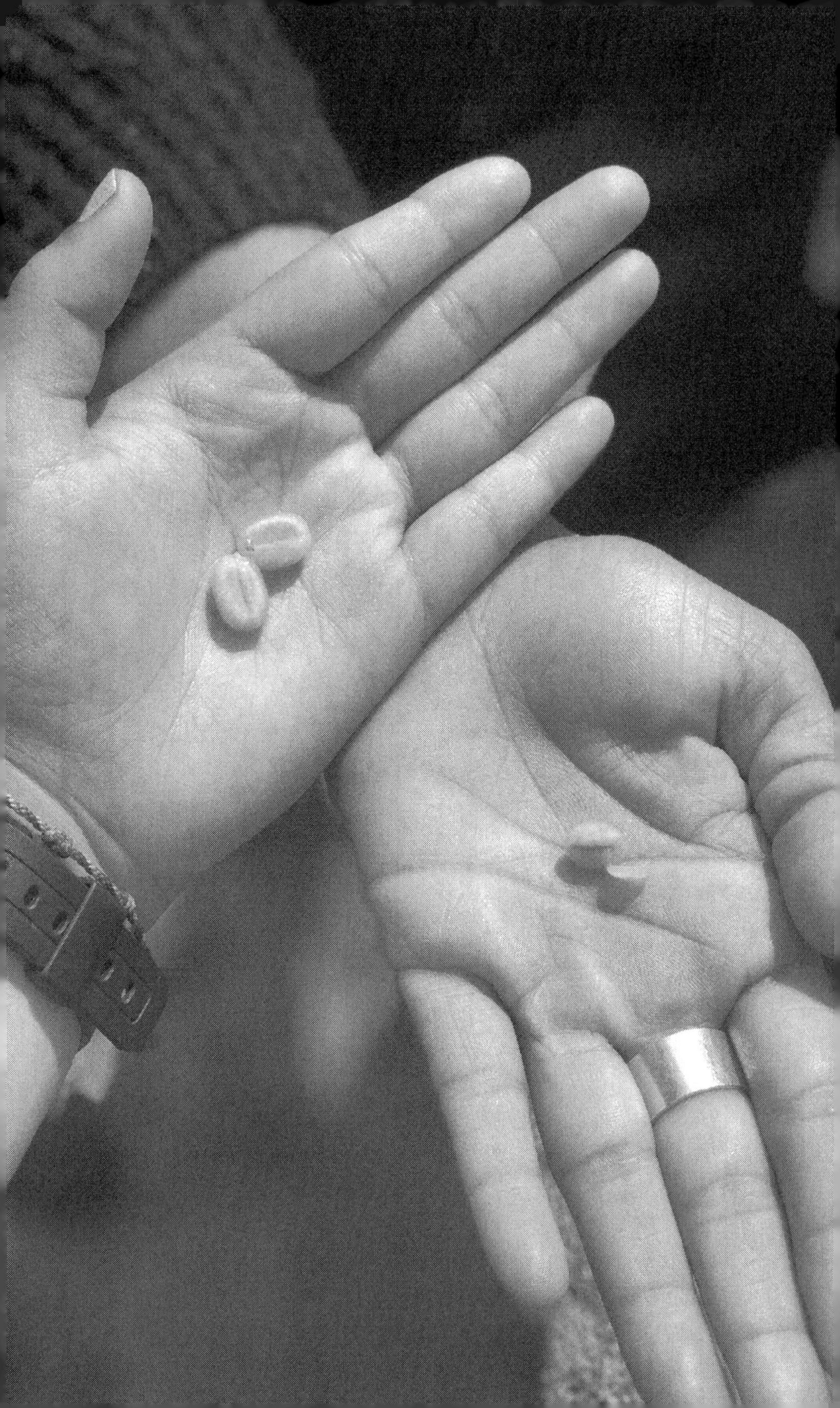

¡Te invito a un café!

Estoy emocionada, pero más que emocionada, agradecida con la vida de que tengas este libro en tus manos y hayas aceptado la invitación a un café… libro que atesoro porque comparte contigo una de las experiencias de mi vida que me hizo crecer grandemente en todas las dimensiones del ser humano. Llegar hasta aquí no fue fácil, nada fácil. ¡Créeme! Pero lo logré y fuiste tú mi motivación principal. Era necesario compartir contigo cada letra escrita en este libro para que al igual que yo tuvieras la oportunidad de redescubrir ese manantial que recorre en ti a pesar de experiencias que pudiéramos considerar nada agradables y dejan en nuestra historia grandes cicatrices, cicatrices que debemos aprender a abrazar porque son parte de nosotros. Cuando digo abrazar las cicatrices me refiero a reconocerlas como lo que son: la huella de una herida que pudimos sanar y quedó impregnada para que cuando la volvamos a mirar pensemos: *¡Qué bien lo hice!, ¡Guau, hasta dónde he llegado! Estoy muy orgullosa/o de mí.* Y si crees en Dios, puedas agradecerle por haberte acompañado en la sanación de esa herida. En mi caso, sin Él no hubiera sido posible y te explicaré más adelante el porqué. Precisamente la dimensión espiritual la trabajo en el capítulo 6 de este libro.

Si hablamos específicamente de la herida causada por el abuso sexual, tendríamos que decir que es considerada una de las heridas más difíciles de sanar aunque no imposible y yo soy un vivo ejemplo de ello. Fue precisamente la que tocó a mi puerta e irrumpió mi vida para darle una sacudida que quiso desbordar mi taza de café por muchos años, impidiéndome caminar con la paz, alegría, fe, esperanza y sobre todo con el amor necesario para afrontar esta aventura que llamamos vida.

Debo mencionar que aunque soy consejera profesional licenciada y aporto por supuesto mi conocimiento de lo estudiado, este libro lo hago desde el corazón, desde la experiencia vivida, experiencia que posiblemente viviste tú que tienes este libro en las manos. Porque en ocasiones solo desde la experiencia vivida se puede compartir y entender a plenitud. Empatía total. Por eso me gustaría que te sientas en la confianza y sobre todo acogido/a mientras me lees con la certeza de que estoy contigo aun en la distancia.

Una de las cosas que hice para entender mi proceso fue adentrarme en mi ser para tener conversaciones conmigo misma y en ese ir y venir donde una taza de café me hacía compañía sin fallar, descubrí (incluso me aferré a ello) que al igual que el café pasa por un proceso de preparación, que tiene que salir de una flor para llegar a una taza, que debe ser recogido después de casi nueve meses de espera, que es puesto al sol para su secado y tostado, pasado por una máquina para separar la pasilla (café malo) del café bueno, que para prepararse debe pasar por una ebullición y que al momento de servirlo te podría hacer experimentar varios sabores tan diversos, precisamente así es el proceso de transformación o de sanación de una herida. En este podrás experimentar miles de sensaciones y emociones en el transcurso hasta que llegas al bienestar deseado, a esa fragancia de un ser renovado. Incluso, suelo decirme: *Ella huele a café.* ¿Ahora entiendes mi pasión por el café? Aquellos/as más cercanos a mí, todo lo relacionado a café lo asocian conmigo y me encanta porque sin conocer hasta este entonces, mi relación con el café ya era como un símbolo distintivo.

Ahora, ya descubrieron por qué mi pasión por el café. Sé que muchos (al menos los que me conocen algo) se preguntaban. Pues aquí la razón de mi pasión, una que considero fascinante. Para asimilar y poder plasmar esta analogía del proceso del café con la sanación de una herida me llevó un poco de tiempo, lecturas acerca del café, visitas a haciendas, a *coffee shops* y a probar todo tipo de sabor de café que ustedes no se podrían imaginar. ¡Qué delicias!

Y como todo proceso se divide en etapas, así estará dividido este libro: en capítulos que te permitirán ver cómo las heridas del abuso sexual pueden afectar las diferentes dimensiones de nuestro ser, pero sobre todo, qué cosas pude hacer y continúo haciendo para superar todo ese quebranto.

En este libro te hablaré de cuatro dimensiones que, desde mi experiencia, fueron las más trastocadas. Estas son: física, emocional, social y espiritual. Como seres humanos somos un todo y cuando uno de los granitos de café (dimensión) no tiene el mejor sabor, al momento de servir la taza (darse al otro), no pruebas el mejor café. Así sucede cuando no sanamos nuestras heridas sin importar de qué dimensión hablemos. Al momento de relacionarnos con otros no conocerán nuestra mejor versión. Más precisamente eso es lo que no debe seguir ocurriendo ya que una persona que no sana continúa esparciendo heridas a otros. La persona herida hiere gente, mientras que la persona sana, sana a gente.

Si llegaste hasta aquí, has adelantado mucho y te invito a que te prepares una buena taza de café y comencemos este recorrido fascinante de sanación, confiando que encuentres tu mejor versión y te saborees la mejor taza de café.

Coffee

Capítulo 1

Una taza de café cola'o

Dicen que detrás de cada taza de café hay una historia. Aquí la mía. Y si te preguntas, ¿por qué café cola'o? Pues precisamente porque ya está listo para tomar, así como mi historia está lista para contar después de un proceso de sanación y transformación que trabajé por muchos años para llegar hasta aquí.

Esta taza de café cola'o que al fin logré preparar para ti pasó por una ebullición que pudiera decirte se dio a límites extremos de temperatura y como buena barista tocó colar en varias ocasiones para poder servirla a la temperatura adecuada. ¿La realidad?, ya ni recuerdo la cantidad de veces. Pero todo, absolutamente todo fue necesario.

Yo crecí en una familia tradicional. Era la hija del medio, teniendo un hermano mayor y una hermana menor. Mis papás trabajaban para traer el sustento de la casa, mientras nosotros íbamos a nuestras respectivas escuelas. Acostumbrábamos a compartir con nuestra familia extendida, paterna como materna. Al igual compartíamos con muchas amistades, ya que como la mayoría de las familias puertorriqueñas por todo se hacía una fiesta y se les daba acogida a muchas personas. Además, no hace falta mencionar que mis familias (ambas) son bastante grandes.

Lamentablemente, esto también tenía un lado del cual a mi entender no éramos tan consciente. ¿O quién sabe? Con el miedo, nuestra cultura, el qué dirán, y lo más triste de todo, el normalizar diciendo, "*Esto pasa en todos lados*" se abría el espacio para que personas heridas entraran a lugares "permitidos" e hirieran a otras personas y esto pasó dentro de este círculo de familiares y conocidos. Como en la mayoría de los casos de abuso sexual según las estadísticas, yo fui abusada en varias ocasiones por personas muy allegadas. Mencionar por quién o quiénes en realidad en estos momentos no viene al caso. A cada una de estas personas las fui perdonando y sí, hasta liberándolos de su culpa porque entendí precisamente que se trataban de personas rotas, heridas y algunas de estas ni conscientes de lo que hacían. Como te mencioné, el propósito de este libro es sanar, transformar mas no condenar. Esto me llevó mucho tiempo asimilarlo y les confieso que al momento de escribir esto, ni mis papás sabían de lo ocurrido aunque antes de salir el libro sí habré tenido una conversación con ellos. Es lo adecuado.

Con estos eventos ocurridos fue como me convertí en café pajilla de una calidad pésima y que mientras otros y otras lo probaban, su sabor no les agradaba, incluso les hizo daño. Esto se debía a que todos estos eventos estaban guardados en la "gaveta" del inconsciente y como dice Carl Jung: "Hasta que el inconsciente no se haga consciente, el subconsciente dirigirá tu vida y tú le llamarás destino." ¿Qué nos quiso decir con esto? Que si observamos en nosotros/as unas conductas mal adaptativas cuyo origen no entendemos, que nos causan daño y nos hacen causar daños a otros sin intención aparente, es necesario hacer un detente, un detente que debe ser con intención a entrar a un proceso reflexivo y cuestionar lo que somos y quiénes somos en esos momentos para entonces caminar hacia nuestra verdadera esencia a quienes realmente somos. Y digo a lo que realmente somos ya que las heridas emocionales que pudiéramos experimentar en nuestra niñez por experiencias adversas como el abuso sexual nos llevan a ponernos unas máscaras que nos impiden ser nosotros mismos. Esto se traduce, lamentablemente, en una vida de inconformidad, de infelicidad, de metas trazadas mas no cumplidas, de muchas decisiones desacertadas, de poca valorización, de un pobre autoconcepto y de muchas otras cosas más trastocadas por las heridas emocionales.

Siempre recuerdo una conversación que tuve con mi madrina donde le hablaba de cómo me sentía al no estar cómoda en mi propia piel, de cómo me sentía al hacerme consciente de algunos comportamientos que cuestionaba, y hasta le decía: *Es que yo no quiero ser así. Yo batallo día a día por no ser así, pero es como si estuviera arraigada a algo de una manera tan fuerte que me domina.* Eso, precisamente era el subconsciente dirigiendo mi vida y yo le llamaba destino. Pero gracias a que cada día trataba de comprender el porqué de esto, la "gaveta" del inconsciente se abría más y más y aquellos eventos que parecían ser un sueño fueron presentándose a la realidad. Fueron momentos incómodos, dolorosos dentro del proceso, pero necesarios porque traerlos al consciente me daría la oportunidad de empezar mi proceso de sanación y transformación de las heridas. Solo de esta forma podría encontrar mi bienestar y una vida plena.

En mi caso, fueron varias agresiones sexuales por diferentes personas, todas muy allegadas a la familia. Ocurrieron en la etapa de la niñez, con excepción de un suceso donde pudiera decir que ya estaba en la preadolescencia. Se dieron de manera inesperada o en ocasiones sabía que podía ocurrir por el lugar que iba a visitar con mi familia, donde mis papás me llevaban a cuidar o simplemente si me descuidaban por unos minutos. Sí, solo hacen falta minutos para que ocurra una agresión o salven a alguien de ella. Recuerdo ahora que antes me preguntaba si era un sueño cuando visité la casa de unas amistades de mi familia. Podía tener tal vez unos seis años. Esta familia me quería mucho y se ponían muy alegres al verme. Lamentablemente alguien que vivía con ellos siempre me tocaba de manera inapropiada. En una ocasión tuvo la oportunidad de cogerme por el brazo y llevarme a su cuarto sin que nadie se diera cuenta. ¡Eso creo! En ese momento comenzó a hacer exposiciones deshonestas y me levantó el traje hasta que pudo rozar su pene con mi cuerpo. Ese día no paso más nada porque gracias a Dios, alguien comenzó a llamar a la persona y fue el momento justo, el minuto justo para yo poder salir corriendo. Desde ese entonces ir a esa casa o acercarme era toda una tortura.

Así fueron ocurriendo otros sucesos donde sí hubo violación, donde mi cuerpo era tocado por todas partes y a veces dolía, y mucho. Mas no solo por el suceso, sino por lo que ocurría después: sentirme culpable, sucia, indigna y muy confundida porque no comprendía lo que ocurría, porque pasaba todo eso y sobre todo, porque ¡Carajo! nadie hacía nada. Sí había personas que sabían lo que estaba ocurriendo. Y aunque como te mencioné, a cada uno/a de ellos/as los fui perdonando, para aquel entonces era difícil comprenderlo. Es así precisamente como se van formando las heridas emocionales que experimentamos en la niñez. Que de no ser sanadas en nuestra vida adulta se manifestarán y de qué manera. Sigmund Freud decía que las emociones que no se expresan no mueren nunca. Estas se entierran vivas y salen más tarde en formas peores. ¿Qué significa? Por ejemplo, la aparición de síntomas patológicos o no sanos y en forma de enfermedad. Fue por esto que me convertí en café pajilla y de la peor calidad, totalmente inservible. Entonces, tocaba buscar la forma de encontrar el café bueno para poder servir una taza de café bien cola'o.

Tomando en cuenta la frase de Freud, tuve que aplicarla en mi vida cotidiana y en mi vida general porque era absolutamente necesario sanar. Llegué a un punto de mi vida donde por más que me esforzara en dar lo mejor de mí no lograba mi bienestar y mucho menos construir momentos de felicidad. Estaba rota, totalmente dañada y lo peor dañaba a otros, aunque no fuera intencionalmente. Era necesario tramitar todos los eventos traumáticos y estresantes vividos a través de las agresiones sexuales.

Por lo tanto, si hablamos de bienestar es importante que como seres humanos nos veamos de una forma holística donde varias dimensiones forman ese todo. Mas si algunas de esas dimensiones se ven trastocadas y no son atendidas, no generamos bienestar en nuestras vidas. Debido a un abuso sexual, todas y cada una de las dimensiones se ven afectadas: emocional, física, ocupacional, intelectual, financiera, social, ambiental y espiritual. En mi caso, las dimensiones más afectadas (o al menos de las que les voy a hablar) por el abuso sexual lo fueron: la física, la emocional, la social y la espiritual. Cómo estas dimensiones fueron trastocadas te lo explicare más adelante en cada uno de los capítulos de este libro que nos invita a un café. Iré en estos momentos a prepararme uno. ¿Qué tal si tú haces lo mismo?

Aunque antes de ello, no puedo dejar de mencionar la relevancia que este libro fue tomando para mí y cómo inclusive fue impactando trascendentalmente mi vida. Paradójicamente cada vez que decidía comenzarlo no lograba mi objetivo a pesar de que entendía que escribirlo era fundamental para mi sanación, para cerrar otro capítulo de mi vida y por supuesto lo que podía aportar en la vida de otros/as, máxime cuando este libro lo soñé desde niña. ¿Se imaginan? No recuerdo la edad que tenía, pero antes, el *periódico El Nuevo Día tenía una sección para niños/as y en una ocasión sacaron un artículo con los pasos para escribir un libro; lo tengo guardado hasta el día de hoy.

Aun así, daba 4 pasos hacia adelante y 20 hacia atrás, y, ¿saben por qué? Me acerqué a varias personas a las cuales sentí en algún momento comunicarles lo del libro y la mayoría de ellas me expresaban: *Por favor, escribe el libro de esta forma. Me sentiré apoyado/a, escuchado/a y seguramente me ayudará a tramitar también mi proceso.* Al escuchar estas palabras repetidamente me paralizaba, entraba en pánico y me decía: *¡Dios!, ¿Por qué tanto dolor? No es necesario. ¿Por qué tanta gente rota?* Y como podía sentir todo ese dolor en mi propia piel, ese sentimiento impedía seguir escribiendo. Volvía a sentirme café pajilla. Sin embargo, aunque yo continuaba procrastinado, continuaban sucediendo eventos que me llevaban a abrir la computadora y aunque fuese a añadir una oración. Como por ejemplo, clientes-pacientes que atendía a través de la Consejería Profesional y el más reciente, una visita a Nina Huasi, un albergue en Ecuador que ofrece servicios a víctimas de violencia de género, incluyendo agresión sexual. Estos, como parte de sus intervenciones con las víctimas trabajan la analogía de la siembra con el proceso de sanación. Entonces dije: Tengo que terminar el libro y les prometí que les haría la presentación del libro personalmente en su país. Aunque no sabían la temática que trabaja el libro, sí les había mencionada que de igual forma tenía una analogía del ciclo de vida del café con un proceso de sanación. Entonces por fin llegó el momento de colar el café y servirlo en taza.

¡Ahora sí! Te invito a un café y del mejor. ¡Salud!

Ejercicio

Nota: Este ejercicio ni ningún otro sugerido en este libro representa o sustituye un proceso de relación de ayuda, cliente-consejera.

Ahora con cafecito en mano me gustaría que hiciéramos algunos ejercicios de *mindfulness,* concientización o contemplación plena que te ayudarán a poder gestionar las emociones sentidas al momento de leer mi historia o tal vez al recordar la tuya. No trates de invalidar ninguna de las emociones. Al contrario, permítete sentir cada una de ellas. No hay emociones buenas o malas, sino emociones que a través de ser sentidas nos hablan y nos llevan a un estado consciente de lo que está ocurriendo y por consiguiente nos permite gestionarnos adecuadamente.

Primero que todo, respira profundamente en varias ocasiones, como si tu vientre se estuviera inflando al igual que un globo. Luego, vas a soltar o exhalar el aire. Puedes hacer un conteo mientras inhalas y exhalas. Cuando te sientas en calma, me gustaría que te hicieras presente en el lugar donde te encuentres y utilices tus sentidos para observar al menos 5 cosas que tengas a tu alrededor. De igual forma, puedes tocar 4 cosas que tengas cerca. Esto hazlo con calma y de manera muy consciente.

Sigue haciendo respiraciones de ser necesario hasta que sientas paz. Eso es un buen indicio. La invitación es a iniciar ese proceso de sanación, de transformar nuestras heridas en sabiduría para que estas no sigan dirigiendo nuestras vidas y podamos tener nuestros momentos de felicidad, de bienestar y vivir a plenitud.

¡Nos invito!

Te invito a un café

Reconcíliate contigo, con tu ser, con tu historia, con tu cuerpo. Esto te permitirá transitar por la vida en plenitud.

El café fue adulterado: Sobre el abuso sexual

Y el café fue adulterado. Hablemos un poco sobre el abuso sexual. Es importante que sepamos que este se considera cualquier tipo de actividad o contacto sexual, incluida la violación, que se produce sin tu consentimiento. El abuso sexual puede incluir actividades sin contacto, como el exhibicionismo (cuando alguien te muestra sus partes íntimas) o el forzarte a mirar imágenes con contenido sexual. Al abuso sexual también lo llaman violencia o ataque sexual y las definiciones legales de abuso sexual y otros delitos de violencia sexual pueden variar según el país o estado.

El abuso sexual incluye cualquier tipo de contacto sexual con una persona que no puede dar su consentimiento, como una persona menor de edad, una persona que tenga una discapacidad intelectual o una persona que no esté en condiciones de responder (por ejemplo, porque está dormida). Incluye cualquier tipo de contacto sexual con una persona que no da su consentimiento: violación, intento de violación, coerción sexual, contacto sexual con un/a niño/a, caricias y/o contactos no deseados por encima o debajo de la ropa. El abuso sexual también puede ser verbal, visual o sin contacto. Es cualquier situación en la que se fuerza a una persona a participar en una actividad sexual o en la que se expone visualmente a una persona a contenido sexual.

Como pueden ver, en repetidas ocasiones se puede leer, "se fuerza," "sin su consentimiento," "contacto no deseado" y que incluso no tiene que llegarse a dar un contacto. Aquí debemos puntualizar que cuando ocurre violencia hay una persona ejerciendo su poder sobre otra. Este poder se podría traducir como una persona con supuesta mayor fuerza, conocimiento, acceso a recursos, a información, entre otros.

Todas las definiciones tienen algo en común: ninguna es con el permiso o consentimiento de la víctima. Consentimiento se refiere a un "sí" claro para realizar una actividad sexual. Decir "no" significa que no diste tu consentimiento. El contacto sexual sin consentimiento es abuso sexual o violación. Dar tu consentimiento significa:

- Sabes y comprendes lo que está ocurriendo. No estás inconsciente, desmayado/a, dormido/a, etc. No eres menor de edad ni tienes una discapacidad intelectual.
- Sabes lo que quieres hacer.
- Estás en condiciones de decir qué es lo que quieres o no quieres hacer.
- Entiendes que estás dando tu consentimiento y tu capacidad no está afectada por el consumo de drogas ni del alcohol.

A veces tu consentimiento para tener contacto o actividad sexual no puede considerarse legal. Por ejemplo, estos casos:

- Eres amenazado/a, forzado/a, obligado/a o manipulado/a para dar tu consentimiento.
- No tienes la capacidad física para hacerlo. Estás borracho/a, drogado/a, inconsciente o dormido/a.
- No tienes la capacidad mental para hacerlo debido a una enfermedad o discapacidad.

No tienes edad suficiente para dar consentimiento legal. Esta edad varía según cada estado. En Puerto Rico, el Artículo 130 del Código Penal establece que la edad para consentir una relación sexual es 16 años.

De igual forma recuerda:

El consentimiento como proceso continuo. El consentimiento es un proceso continuo, no una pregunta de una sola vez. Si aceptas tener relaciones sexuales, puedes cambiar de opinión y decidir detenerte en cualquier momento, aun después de haber comenzado.

Haber dado consentimiento anteriormente. El hecho de que alguien haya dicho "sí" en el pasado no significa que dice "sí" en la actualidad. Haber dado tu consentimiento en el pasado no significa que tu consentimiento anterior sea válido ahora, no significa que lo darás en el futuro. El consentimiento debe ser parte de cada actividad sexual, siempre.

Consentir tipos de actividad sexual. Decir que "sí" a una actividad sexual no significa consentir todo tipo de actividad sexual. Si aceptas participar de una actividad sexual, es solo para los tipos de actividad sexual con los que te sientes cómodo/a en ese momento con esa pareja. Consentir un beso no significa que das tu consentimiento para que alguien te quite la ropa.

Silencio. El hecho de que alguien no diga “no” no significa que esté diciendo “sí”.

Estar en una relación. Haber estado casado/a, haber salido con alguien o haber tenido contacto sexual con alguien en el pasado no quiere decir que haya consentimiento en este momento.

Estar bajo los efectos del alcohol o de las drogas. Lee más sobre el alcohol, las drogas y el abuso sexual en la pág. X.

No defenderse. No defenderse físicamente no significa que haya consentimiento.

Ropa *sexy*, bailes o coqueteos. La ropa que usa o cómo se comporta una persona no puede interpretarse como consentimiento para la actividad sexual. Únicamente un “sí” verbal significa que dice “sí” a una actividad sexual.

La violencia sexual produce en la víctima, miedo, soledad, tristeza, enojo, frustración, odio y las puede empujar a un acto de violencia, ya sea contra su agresor o contra ella misma.

El abuso sexual puede causar efectos en la salud a largo plazo. Las personas que sufrieron violencia sexual o acecho por parte de cualquier persona, o que sufrieron violencia física de una pareja sexual, son las que más probablemente referirán:

- Dolores de cabeza
- Dolor a largo plazo
- Dificultades para conciliar el sueño
- Salud física y mental deficientes

- Asma
- Síndrome del intestino irritable

Otros efectos específicamente relacionados a la salud mental y emocional pueden incluir:

- Ansiedad grave, estrés o miedo
- Abuso del alcohol o de las drogas
- Depresión
- Trastornos de la conducta alimentaria
- Infecciones de transmisión sexual
- Embarazo
- Tendencia a autoflagelarse o suicidio
- entre otros...

Debo mencionar que muchos de estos síntomas los experimenté y de ellos vamos a estar conversando en los capítulos más adelante.

Ahora bien, aunque no quiero abrumarte con estadísticas me gustaría visibilizar la problemática de la violencia sexual en Puerto Rico, ya que para algunas personas pareciera que esto no sucediera. Se niegan a creerlo o simplemente es un tema del cual no se habla. Pongamos en contexto:

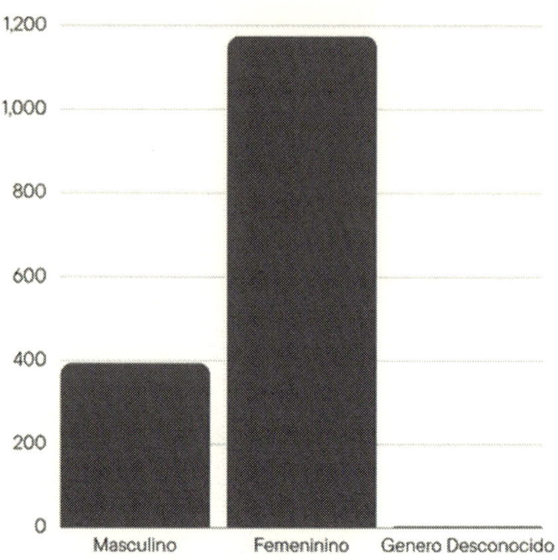

1572 casos

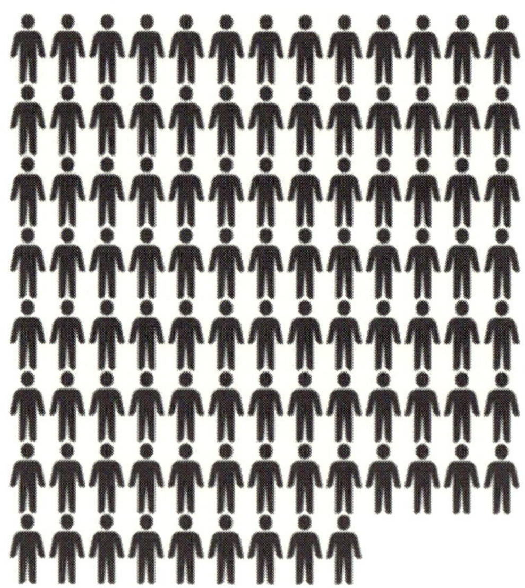

Estadísticas del Negociado de la Policía de PR, diciembre 2022

¿Te parecen altos esos números? A mí sí, incluso si hubiera uno (1). Nadie, absolutamente nadie debería pasar por una experiencia como esta.

Ahora me gustaría que te detuvieras un momento y pensaras en esta información que te brindo. Estas estadísticas nos indican que para el 2022 en PR se reportaron 1.572 agresiones sexuales. O sea, 1.572 cafés que fueron adulterados, con sabor amargo y que por consiguiente no son del gusto de muchos/as. Esto se traduce posiblemente en personas con traumas, con heridas que las alejan de un propósito de vida lo que las lleva de igual forma, aunque no de manera consciente, a herir a otras personas.

Capítulo 3

Un grano de café: Dimensión física

Luego de haberte compartido algo de mi historia, un poco de café cola'o, adentrémonos al proceso (a mi entender fascinante) que aunque doloroso, incómodo e imborrable me llevó precisamente a invitarte a un café. Y es que el abuso sexual, como te mencioné anteriormente, es una de las heridas que más lacera a un ser humano y en muchas de sus dimensiones, por no decir en todas. Este capítulo hace referencia a la dimensión física. Te adelanto que en el último capítulo de este libro tendremos una conversación más comprensiva de las dimensiones del ser, el bienestar y el cómo iniciar un proceso de sanación de las heridas para lograr una vida plena, o al menos pasearnos en ella con un cafecito en mano.

Mientras tanto, la dimensión física está relacionada con reconocer la necesidad de actividad física, alimentos saludables y sueño restablecedor; en fin, cómo te percibes y te miras a ti misma/o en especial cuando tienes frente a ti un espejo.

Uf, qué mucho trabajo me ha costado equilibrar esta área y todavía la trabajo día a día. Desde que tengo uso de razón he tenido una lucha constante por aceptar cada centímetro de mi cuerpo, a veces de manera inconsciente, pero a veces de manera muy consciente.

Recuerdo que desde pequeña me costaba mirarme en el espejo y cuando lo hacía para nada me agradaba lo que veía. ¿Las fotos? Para mí eran como una sentencia. Ni hablar de mi relación con la balanza. Si a algo pudiera llamarle enemigo, esto sería un ejemplo perfecto.

El autoconcepto que tenía sobre mí en cuanto a mi físico estaba tan distorsionado que en la etapa de la adolescencia donde buscamos "encajar", la aprobación de nuestros pares fue una locura total. Las fiestas, el compartir entre ellos/as, ir a la playa. ¿Ponerme un traje de baño? ¡Mejor no! De esta y otras formas se manifestaba la herida.

Mantener mi peso "ideal" era como entrenar para un maratón: duro, la realidad muy duro. No me daba cuenta de que mientras más luchara contra eso, más lejos estaba de alcanzar el objetivo. Lo que no aceptas, te trae conflicto permanente. Así que casi siempre realizaba ejercicios y me mantenía en dietas mágicas que casi nunca funcionaban. Esto, Marian Rojas Estapé, psiquiatra española, lo explicaría diciendo que la comprensión de cómo nuestro cerebro y organismo funcionan nos ayuda a vivir una vida más consciente y a gestionar de manera saludable las emociones y el estrés. De igual forma, comprender es aliviar y cuando comprendes por lo que pasa tu mente, te sientes aliviado, porque si no, eres esclavo de síntomas físicos, psicológicos y vamos como perdido por la vida. Precisamente esa era mi sensación para aquel entonces: perdida por la vida.

Después de la etapa de la adolescencia, hablemos del tesoro de la juventud y con ella la sexualidad. ¿Mas cómo hablar de ella cuando fue trastocada en la niñez? Mientras que nosotros, las personas sobrevivientes de agresión sexual, no nos reconciliemos con esa parte de la historia, la sexualidad pudiera manifestarse como conducta promiscua, entre otras cosas, que según el diccionario de Webster se define formalmente como no solo el comportamiento sexual frecuente sino "indiscriminado". Por otro lado, abstenerse de tener relaciones sexuales porque estas no les provocan placer, al contrario, trae a su mente sensaciones y/o emociones de vergüenza y culpa.

En mi caso, no solo me abstenía, más bien no me exponía a una situación donde pudiera terminar en un acto sexual. La vergüenza ante mi imagen (dimensión física) prevalecía. De tener relaciones sexuales debía ser con la mayor oscuridad posible para que "nada se viera". ¡Qué ilusa! No solo mostraba mi cuerpo, mostraba todo el trauma recibido por las agresiones sexuales, solo que la persona con la cual compartía posiblemente ni se imaginaba qué pasaba y por su desconocimiento venían comentarios como: *Tener relaciones es algo normal. No seas boba; déjame verte. ¿Acaso no te gusta?* entre otros comentarios. Es por esto, la importancia de la comunicación ante un tema tan importante como la sexualidad, como el no compartir este momento tan especial con cualquier persona. No todos/as merecen que les entreguemos lo que yo considero nuestro ser por el intercambio de nuestro yo en el acto: ese cafecito tan bueno.

Aunque en mi presente me esfuerzo por comer saludable, hacer ejercicios, correr y mantener una vida equilibrada en la dimensión física debo mencionar que lo disfruto. Me disfruto poder salir a correr, encontrarme con conocidos y amistades que regala este deporte. Disfruto poder salir a comer, pero sobre todas las cosas se imaginarán qué disfruto más: tomarme una o varias tazas de café al día, probando todos los sabores y sin mesura alguna. Porque este acompañante (el café) me ha brindado tantos momentos únicos que se merece que yo no escatime en ningún sentido.

Y aunque te confieso que todavía tengo áreas de oportunidad en esta dimensión ha sido mucho el camino recorrido y me siento feliz por ello. Ya me gustan las fotos, me puedo mirar al espejo, puedo tocar mi cuerpo, puedo abrazar mi cuerpo, puedo agradecerle a mi cuerpo lo que hace por mí y esto a su vez me lleva a cuidarlo. Se lee, se oye fácil, más no lo es.

Posiblemente tú que me estás leyendo dirás, *¡Qué fácil, no!* o quién sabe, tal vez dirás, *¿Cómo puedo lograrlo?* Inclusive, puedes estar pensando, *Eso es algo imposible para mí.* Y sí, estás en tu derecho dentro de tu proceso de pensar o dudar de que puedas lograr equilibrar esta dimensión o quererte desde la punta del dedo del pie hasta la punta de tu cabello en la cabeza.

Te adelantaré varias herramientas que he ido utilizando y utilizo en el camino para poder servir hasta este entonces la mejor taza de café de mi dimensión física, tomando en consideración condiciones y enfermedades que se manifestaron en mí como consecuencia directa o indirecta de las agresiones sexuales y una gestión no adecuada de las emociones. Algunas de estas las explico en varios de los capítulos. Es importante que no olvidemos que lo que callamos, nuestro cuerpo lo habla para que por fin atendamos y comprendamos lo que nos ocurrió. Como mencioné en el capítulo anterior, es importante una buena gestión de las emociones. De lo contrario, como dice

Freud: "Las emociones inexpresadas nunca mueren. Son enterradas vivas y de peores formas." Por ejemplo:

Desde los 15 años aproximadamente me diagnosticaron rosácea. La rosácea es una afección común de la piel que causa rubor o enrojecimiento y vasos sanguíneos visibles en la cara. Esta puede afectar a cualquier persona, pero es más común en mujeres de mediana edad que tienen la piel clara. No existe cura para la rosácea, pero el tratamiento puede controlar y reducir los signos y síntomas. De igual forma, no hay suficiente información que evidencie qué la causa, por eso precisamente no tiene cura. Aun así, hay unos factores de riesgo de los cuales profundizo en el próximo capítulo.

Atendí y atiendo esta condición con los médicos pertinentes y en la medida de lo posible trato de controlar aquellos elementos que pudieran exacerbar la condición como las temperaturas extremas, algunos alimentos y el estrés, entre otros, intentando buscar un equilibrio que me permita disfrutar de las cosas que me gustan. Porque la realidad es que si me enfoco solamente en aquello que pudiera activar la condición me perdería de muchas cosas y no estamos para eso.

A eso de los 17 años, la rosácea no estaba del todo controlada y como consecuencia llego a mí lo que se conoce como la rosácea ocular, provocando entonces una opacidad corneal que provocó una perdida considerable de la visión en ambos ojos de manera reversible. Atendí y atiendo la misma con los médicos pertinentes y hace mucho decidí aceptarla como parte de mi historia lo que me permitió que no fuera un limitante para desempeñar mis diferentes roles. En aquel entonces era estudiante universitaria y aunque requirió de mí un mayor esfuerzo, dejar de estudiar no fue una opción. Incluso, entré al Programa de Rehabilitación Vocacional donde me asignaron un lector que me acompañaba a clases y exámenes.

¡¿Algo más?! pensaba entonces. Hoy entiendo que nuestro ser, nuestro cuerpo es perfecto y que cuando callamos, él buscará la forma de hablar y en mi caso así lo hizo. ¡Qué tiempos aquellos! Así fui experimentando esos sabores agridulces y amargos del café adulterado. Siempre les digo a las personas que si me ven en la calle me pueden gritar, llamar, ya que de primera intención no los voy a reconocer; me tardo en enfocar.

Ahora también, muchas personas que han compartido conmigo se pueden contestar preguntas como: *¿Por qué no usas espejuelos?* Estos ayudan, pero no atienden la condición en su totalidad. *¿Por qué te pegas tanto al celular o a la computadora?, ¿Por qué no guías de noche?* Solo guío de noche distancias cortas y/o rutas que ya conozco casi a la perfección. Incluso, todavía recuerdo cuando un día de camino a la universidad y con la condición (rosácea ocular) en todo su esplendor, los rayos del sol a pleno amanecer y la irritabilidad en mis ojos ocasionaron una ceguera ocasional, provocando que perdiera el control del carro que manejaba. Mas de no ser por el cuidado de papá Dios en ese entonces me hubiera ido por un risco. El carro fue pérdida total, pero como pueden ver al menos en el 2023 sigo vivita y tomando mucho café. ¡Agradezco!

Al principio me incomodaba dar explicaciones; ahora no las doy. Simplemente, callo o digo esto es parte de mí y hace mucho tiempo. Aceptación. ¡Salud!

En este capítulo te he hablado de mi trabajo con el control de peso. Aquí todavía hay un área de oportunidad en la cual he tenido grandes triunfos. Pero como el crecimiento personal (no importa en qué dimensión) no es lineal, también he tenido y tengo unos momentos donde caigo en un hoyo bien profundo. Para ello tengo una nutricionista personal que además es una amiga a la cual admiro demasiado. La Lcda. Wanda González Otero tiene una paciencia increíble y entiende a la perfección: 1) mi enemistad con la pesa, 2) el que al principio no pudiera ni tomarme las medidas del cuerpo, 3) el terror de mostrar mi cuerpo y peor aún que me dijera los números (peso/medidas). Tan así que al final optó por no mostrarme los números y se enfocaba en dialogar sobre el plan de ese día en adelante. Al momento puedo ser más compasiva conmigo y puedo disfrutar de lo que como sin sentirme culpable. Ya te dije que esto es un área de oportunidad. Es importante mencionar que en esta relación nutricionista-paciente está más que claro que se puede sugerir restringir todo lo que quiera menos el café. Algo a mi favor es que también le gusta el café.

En fin, recuerdan el capítulo donde hablo sobre la conceptualización del abuso sexual: EL café fue adulterado. Aquí algunas de las manifestaciones físicas que yo experimenté a consecuencia del trauma por las agresiones sexuales. Estas manifestaciones se dan de manera diferente en cada persona, ya que esto va a depender de su capacidad para afrontar las experiencias adversas, gestión de emociones y acceso a recursos.

Ejercicio

Nota: Este ejercicio ni ningún otro sugerido en este libro representa o sustituye un proceso de relación de ayuda, cliente-consejera.

A este ejercicio le pondremos nombre. Se llamará: Acepto mi cuerpo para reconciliarme con la vida. Además, para realizar el ejercicio toma en consideración lo siguiente:

1. Solo tienes un cuerpo.
2. No compares tu cuerpo.
3. No te peses.
4. Dale a tu cuerpo el respeto que se merece.
5. Busca el equilibrio.
6. Repite siempre: Mi cuerpo es asombroso.

Puedes añadir otras premisas. Te invito.

____

____

____

____

____

____

____

____

____

____

____

Ahora me gustaría que, de ser posible, busques un espacio donde te sientas cómoda/o, preferiblemente que tengas un espejo de frente. De no tenerlo, no hay problema. Continuamos. Estando en ese espacio seguro y cómodo comienza las respiraciones que te permitirán conectar contigo y con el momento presente. Luego de estar en estado de calma, comienza a abrazarte. Si te resulta incómodo ve reconociendo tu cuerpo paso a paso. Posiblemente no puedas completar el ejercicio de primera, pero lo puedes intentar varias veces y todos los días hasta que logres sentirte cómodo/a en tu propia piel.

Cuando logres abrazarte, de manera muy consciente comienza diciendo: *Este es mi cuerpo, lo reconozco, lo acepto y lo amo. Agradezco en gran manera todo lo que hace por mí.* Este al parecer, sencillo ejercicio es muy liberador. A medida que lo continúes repitiendo, verás cómo llegan sonrisas a tu rostro, sensaciones de bienestar y muchas ganas de mostrar al mundo lo mejor de ti. Después de todo, eres único/a y ese es tu poder.

Reconcíliate contigo, con tu ser, con tu historia, con tu cuerpo. Esto te permitirá transitar por la vida en plenitud.

Mis sabores arábicos: Dimensión emocional

Mis sabores arábicos… ¿Arábicos? Cuando hablamos de sabores, de calidad, entre otros atributos del café, leeremos en muchas de sus etiquetas que el producto es 100% arábico. Esto, al parecer hace el café más atractivo al momento de seleccionarlo. Cuando hablamos de emociones, el no tener una buena gestión de estas nos lleva a estar muy pocas veces al 100%. Lamentablemente esto provoca que alejemos a las personas que nos rodean, incluyendo a aquellas que apreciamos porque el sabor que esparcimos no es nada agradable. O, en otras ocasiones, ¿quién sabe? Es uno/a mismo/a quien se aleja al reconocer la dificultad en esta dimensión emocional.

La dimensión emocional no es otra cosa que el cómo te relacionas con los demás, cómo manejas o afrontas alguna situación adversa, y a veces ni tan siquiera adversa, simplemente cómo vas viendo el mundo.

Como te he mencionado en este libro, la agresión sexual y la herida que se crea es una que requiere mucho cuidado y de un proceso de relación de ayuda comprensivo para poder sanarla. La dimensión emocional en este caso es muy trastocada porque debido a la agresión, de manera inconsciente constantemente prevalece el sentimiento de abandono, humillación y traición, no siendo estos los únicos.

Sin embargo, experimentamos abandono porque el inconsciente ha interpretado que no recibimos ningún tipo de ayuda al momento de la agresión. Tu inconsciente recibió el mensaje: *Estabas solo/a; por eso ocurrió la agresión. De haber estado acompañado/a no hubiese ocurrido.* Es entonces cuando comenzamos a relacionarnos con otros, manifestando dependencia por el gran temor a la soledad.

En mi caso, esto se vio reflejado en la selección de parejas, entre otras cosas. Desde adolescente, mi inconsciente me llevaba a hombres que irónicamente iban a terminar abandonándome porque no estaban disponibles emocionalmente, aunque pretendieran "prestarme toda la atención" y manifestar sus muestras de cariño. De igual forma, también buscaba hombres que tuviera que rescatar, donde anteponía sus necesidades por las mías. Esto se debía a la herida de humillación donde nos ponemos la máscara de un ser masoquista y soportamos lo insoportable. Por ejemplo, mi primer novio, a pesar de ser un joven muy bueno, tenía sus propias heridas no sanadas que lo llevaron en su momento a la dependencia de sustancias controladas, situación que acepté por varios años aun sabiendo que esa relación no tendría futuro. Luego de terminar esta relación y darme la oportunidad eventualmente con otra persona, el perfil no fue muy distinto solo que lamentablemente en esta ocasión tomé la decisión de casarme por ese miedo inconsciente a la soledad, a depender y más que todo, a provocar lo que intentaba evitar que hicieran los otros: humillarme. De más está decir que aunque después de cuatro años de noviazgo, el matrimonio fue todo un caos. Solo duró un año legalmente. Digo legalmente porque mucho antes nos habíamos separado físicamente y sobre todo emocionalmente. ¿Quién sabe si nunca lo estuvimos? Al menos de una forma adecuada.

La convivencia de dos personas heridas, rotas en aquel entonces, se volvió insoportable. Este momento fue duro, pero a pesar de todo, aún no llegaba a ese plano consciente de lo que ocurría conmigo. Por lo cual, no me atendí como debía. Continuaba haciendo mis cosas, pero casi por inercia, no necesariamente porque tuviera adherida a mi propósito de vida.

Pasaron varios años (creo que 5) y decidí formalizar otra relación y casarme eventualmente por segunda vez. De ahí, el mejor regalo de la vida: mi hija. En esta ocasión me sentía más preparada, más segura y hasta más consciente de lo que estaba haciendo. Fueron casi 11 años de relación cuando vino la separación. Mi mundo se "volvió a derrumbar" en esta ocasión con una niña de 7 años que me observaba y dependía de mí. Su papá había regresado a su país natal, así que no podía compartir con él con la frecuencia que debía. Estuvo incluso 4 años sin verlo físicamente. Volvieron entonces esos sabores (emociones) a dejarse sentir: culpa porque me quedaba callada cuando debía hablar; vergüenza porque no me consideraba lo suficiente "bonita" para satisfacer a mi pareja, segura para confiar en lo que soy y no pensar que él necesitaba otra. Por mi parte sé que estas pudieron ser algunas causas por las cuales aporté a la separación. Por su parte, él sabrá; le tocaba a él hacer su reflexión.

¡Qué soledad, qué vacío tan abrumante y desesperante se puede llegar a experimentar sin poder o no querer contarlo! Ironías; ahora amo mis momentos de soledad. Hasta los planifico como una especie de desconexión para reconectar.

Recuerdo que cuando niña solía ser callada, muy reservada, muy tranquila y eso dio paso a que todos pensaran, *¡Qué niña más buena!* Realmente lo era, pero no por la interpretación que ellos le daban. Esto llevaba a que las personas jamás se imaginaran que yo había experimentado el abuso sexual en varias ocasiones.

Y si hablamos de las relaciones con mis pares en la adolescencia, esa etapa donde una comienza a redescubrirse, a definir su propósito, donde esos sabores arábicos (emociones) están a flor de piel existía gran dificultad para poderme mostrar tal cual. Y no se trata en este caso de hipocresía, sino la incapacidad de SER. Te cuento que a pesar de que tenía amistades y me gustaba compartir con ellas, se me dificultaba relacionarme adecuadamente y a su vez comunicarme. Mas cuando percibía peligro, alguna posibilidad de abandono, mi reacción era alejarme para protegerme.

Esto en otras palabras era autoabandonarme. Las conversaciones cruciales que se caracterizan por estar cargadas de emociones para mí eran insostenibles. No había forma de llegar a razonamiento adecuado. Esto también se debe a que una persona con traumas severos como una agresión sexual tienen una desconexión racional y el área cognitiva se podría decir que funciona a un 30 %. Sin embargo, el área emocional está en función a un 70 %. Cuando lo normal debe ser lo contrario: cognición a un 70 % y emoción a un 30 %.

Por eso también, cuando llegaba a mi casa, prefería estar encerrada en mi cuarto, no hablar, llorar cuando era necesario. Esto trajo otras implicaciones además de las físicas porque mi cuerpo y todo el sistema nervioso estaba recibiendo toda esa carga emocional que no sabía canalizar ni manejar adecuadamente y entonces llegó la depresión. Está que no era nada compatible con la percepción acerca de mí (autoconcepto) y que no aportaba en nada mi autoestima. ¿Te imaginas toda esa energía de emociones acumuladas? Esto de igual forma me generó lo que se conoce en la psicología como PAS: persona altamente sensible, que no es otra cosa que percibir la realidad emocional como sensorialmente con mayor intensidad. De saber canalizarlo, este rasgo te puede ayudar a disfrutar muchas cosas. De lo contrario se pudiera sufrir más a causa de los estímulos y de situaciones que la mayoría de las personas viven con indiferencia. Pero, sobre todo, nos hace sentir incomprendidos/as y extraños/as para los demás. Se resume en poder experimentar el dolor del/la otro/a, pero hacerte inmune a tu propio dolor. Así lo experimentaba yo. Incluso, aún hoy día suelo tener mucha tolerancia al dolor. Por darles un ejemplo, recuerdo cuando iba a parir a la Nico (como le digo a mi hija), el proceso de parto duro como 22 horas y en ese transcurso me cambiaron la máquina y las correas que monitoreaban las contracciones en dos ocasiones. El ginecólogo y las enfermeras no podían entender cómo la máquina reflejaba contracciones fuertes, pero yo no me quejaba de dolor. Me preguntaban una y otra vez: *¿Sientes las contracciones? ¿Tienes dolor?* A lo que respondía que no. La realidad es que nunca me dio dolor a pesar de que fue parto natural.

¿Te imaginas cuán fuerte tuvo que haber sido? ¿Te imaginas cuán fuerte es para alguien que aún no ha trabajado su herida? Tu inconsciente guardando toda esa información del abuso, con un descontrol de las emociones; tu cuerpo reclamando tanta ebullición, y tú tratando de seguir una vida, que la realidad, para ese entonces no sabía cuál.

Ah, y ni hablar de sentirme traicionada. Tenía esa necesidad de tener control en todo y con todos para "asegurarme" que nadie más me traicionara, como si eso dependiera de mí. ¡Qué falacia! La realidad es que nadie, absolutamente nadie tiene el control sobre las acciones de los demás. Así seguí dando bandazos por la vida. Lo triste de esto fue el daño que inconscientemente le hice a muchas personas y a mí misma.

No lograba el equilibrio necesario entre pensamiento, emoción y conducta. Imagina la secuencia, pensamiento intruso no filtrado, emoción no gestionada, desembocando en un comportamiento reactivo a una herida y no desde la sabiduría.

Por eso la invitación a este café para mí era vital y que tú la hayas aceptado me hace muy feliz. Si eres sobreviviente de cualquier agresión sexual, te reconozco y te digo: ¡Qué valiente eres!

Te pido que puedas ser gentil contigo/a mismo/a y entiendas que todo ese desequilibrio emocional tiene una razón de ser y no eres tú. No te culpes y mucho menos te dé vergüenza de mostrar tu vulnerabilidad. Ella también es parte de ti. Mas en mi experiencia son estos momentos los que me llevan a adentrarme, a mirarme hacia adentro y reconocer mi esencia humana que siente y padece. Toda emoción que experimentamos no las definiría como buena o mala, simplemente como esa emoción que está tocando a nuestra puerta y nos quiere decir algo e inclusive nos invita accionar. Pero esto no se da de la noche a la mañana. Requiere de mucha paciencia para con uno/a mismo/a.

Posiblemente las personas que me conocen y están leyendo el libro se preguntarán cómo llegué a ser una persona con una mejor gestión de mis emociones. Incluso algunas me describen como una persona con mucha paz y con una capacidad de decir con comodidad aquello que me incomoda. Esto no quiere decir que siempre fue y es así. Los demonios a veces quieren regresar. Solo que ahora de manera más consciente reconozco sus orígenes. Me toca entonces decirles en ese momento que no son bienvenidos. O simplemente les abro la puerta y les preparo un café. Una vez escuché que hasta el demonio o el monstruo más feroz con el que nos podamos topar con amor se calma. Todo lo que necesitas es amor.

¿Quién quiere estar peleado con el mundo? ¿Quién desea no tener unas relaciones saludables y estables? ¿Quién quiere enfermarse por no poder expresar cómo se siente? ¿Quién desea permanecer en una soledad involuntaria? ¿Quién desea sabotear su felicidad?

Pues esto fue precisamente lo que yo hice por muchos años mientras no le metí manos al asunto de sanar las heridas recibidas por el abuso sexual. Esos sabores arábicos (las emociones) se hicieron sentir en su máxima expresión.

¿Y ahora? Imagínate el mejor de los sabores, aun con su imperfección. A eso aspiro y es por lo que trabajo día a día.

Ejercicio

Nota: Este ejercicio ni ningún otro sugerido en este libro representa o sustituye un proceso de relación de ayuda, cliente-consejera.

Antes de comenzar a realizar el ejercicio es importante recordar que para nuestra inteligencia emocional y para trabajar nuestras emociones debemos estar dispuestos/as a experimentar toda clase de emoción, sin reprimir ninguna. Si ignoramos o reprimimos alguna, estaremos ignorando a su vez información importante que tiene un gran efecto en nuestra manera de pensar y de comportarnos.

Ahora empieza a escribir un diario que te permitirá conocerte mejor y optimizar la buena gestión de las emociones. ¿Qué debes incluir en este diario?

- **Tus reacciones durante los diferentes eventos del día.** Esto permitirá reconocer qué te hacen sentir tus diferentes experiencias del día.
- **Las manifestaciones que ocurren en tu cuerpo.** No debes ignorar las manifestaciones físicas de tus emociones; más bien debes escucharlas. El cuerpo y la menta no están separados y por ello el cuerpo te dará señales de la emoción que estás experimentando.
- **El efecto que tienes sobre los demás.** Esto se conoce como experiencia integrada, cuando el comportamiento y la actitud de una persona tiene influencia sobre otra. Esto nos permite identificar cuándo pudiéramos estar haciendo daño, aunque de manera no intencionada al otro/a.

Luego de varios días de escribir en el diario puedes hacer lo que sería tu diccionario de emociones. Este diccionario tendrá como finalidad elaborar la lista de las emociones que más experimentas y a partir de ella, trabajar sobre cada una para identificar mejores prácticas de afrontamiento y/o gestión.

Hoja de ejercicio

Mi diario

- Reacciones durante los diferentes eventos del día:

____
____
____
____
____
____
____
____
____
____
____
____
____
____
____
____

- Manifestaciones de mi cuerpo:

____
____
____
____

____

____

____

____

____

____

____

____

- Mi influencia en otros (efecto):

____

____

____

____

____

____

____

____

____

____

____

____

____

Cada vez que termines una hoja de tu diario, abraza lo que eres, agradece lo que eres. Y aquello que entiendas que debes soltar, hazlo. Repite las veces que sea necesario: *Libero y dejo ir.*

Reconcíliate contigo, con tu ser, con tu historia, con tu cuerpo. Esto te permitirá transitar por la vida en plenitud.

Hoja de Ejercicio
Diccionario de emociones

Emoción: (alegría, tristeza, ansiedad, ira, agradecimiento...)

1.
2.
3.
4.
5.
6.
7.
8.
9.

Mejores prácticas de autogestión:

____

____

____

____

____

____

____

____

Reconcíliate contigo, con tu ser, con tu historia, con tu cuerpo. Esto te permitirá transitar por la vida en plenitud.

Capítulo 5

Soy una chapolera: Dimensión social

¡Soy una chapolera! Me encanta decir que soy una chapolera. Así les dicen a las mujeres en Colombia que se dedican a cosechar el café. Y como parte del adentrarme al fascinante mundo del café me di la oportunidad de por un día cosechar el café en las tierras de Colombia (país de origen del papá de mi nena). Esta experiencia me hizo sentirme parte de algo, nombrarme; en esta ocasión como parte de ese grupo selecto y tan especial que se dedica a cosechar café con todo lo que implica ese proceso que te he ido explicando a lo largo de este libro.

Si hablamos de la dimensión social, esta se refiere a la salud de una persona en relación con su capacidad de interactuar con los demás y prosperar en entornos sociales. Eso es muy importante porque por medio de estas relaciones podemos incrementar nuestros recursos al igual que podemos satisfacer nuestra naturaleza humana de socializar y compartir momentos agradables con nuestros seres queridos. La dimensión social se puede desarrollar por medio de la comunicación y la comunión con los demás.

Como te había mencionado en el capítulo anterior (dimensión emocional), el abuso sexual o sus manifestaciones me llevó en ciertas etapas o momentos de mi vida a aislarme totalmente, agudizando el sentimiento de soledad inducida y de no sentirme cómoda con las interacciones con otros/as. Incluso, a veces cuando no siento la capacidad de poder comunicar algo adecuadamente prefiero retirarme por un tiempo hasta que sienta que lo que voy a comunicar lo haré desde la sabiduría y no desde la herida. He aprendido en este proceso de sanación lo importante de encontrar un equilibrio entre retirarme en un momento recomendado, en aprender a decir con comodidad aquello que me incomoda o simplemente analizar por qué me incomoda una situación. ¿Me quiere decir algo? Además, me ha ayudado a entender que en las relaciones humanas, cada persona es un mundo, con un equipaje personalizado en cada recorrido. Es necesario poder comprender esto para uno poder ser en libertad y dejar ser en libertad al otro/a. Esto no quiere decir que esta aceptación del otro/a implica tolerar o soportar lo insoportable. Más bien, esto me sirve de marco de referencia para poder replantearme si es ahí donde quiero permanecer o estar, reconociendo que no tengo la capacidad de cambiar al otro/a, ni tan siquiera en mi práctica privada como consejera profesional. En esta relación de ayuda ofrezco herramientas, guío en el proceso, acompaño, pero al final es el/la cliente quien decide su proceder. De lo que sí tengo capacidad es de mi respuesta ante la conducta del otro/a.

Permanecer, pertenecer y reconocer al otro/a, a la familia, a las amistades y demás es vital para el bienestar del ser humano. Pero, ¿esto es sostenible cuando el abandono, la humillación y/o la traición son las emociones dominantes en un ser humano? Me imagino que sabrás la respuesta a esto y es no. Nada sostenible. Incluso, el pánico a interactuar con otros/as estaba siempre latente, sin importar el escenario o ambiente. Esto traía implicaciones en actividades, lugares de trabajo, reuniones familiares, entre otras actividades.

Recuerdo lo difícil que era realizar trabajos en equipos, la ansiedad que me provocaba comunicar algo. Y si debía afrontar alguna situación con alguna persona que a mi entender representara autoridad era fatal. En mi cabeza pasaban tantas películas de lo que supuestamente podía ocurrir que realmente lo que ocasionaba era un caos, eso que dicen por ahí "te estás ahogando en un vaso de agua". Pero ese ahogamiento tenía una razón de ser. No estaba siendo yo; mis heridas dominaban. Recuerda que a veces las mismas murallas que te "protegen" son las que te separan.

Por otro lado, recuerdo muchas voces que me decían: *Jessica, tú tienes mucho potencial, diversas capacidades, pero no eres tan asertiva a la hora de comunicar.* ¿Quién creería esto hoy en día? Ha conllevado mucho esfuerzo. Pero sí, así fue y es cuando mi cuerpo percibe una "amenaza". Como te dije anteriormente, vendrá una persona o situación que intente encender el chip de la herida. Solo que cuando esto ocurra sabrás el origen de esa sensación, emoción y no le darás salida.

Hablar de esta dimensión social y pensar en cómo era mi comportamiento todavía trae cierta tristeza porque esta dimensión implica que hay un/a otro/a al cual posiblemente le pude provocar algún tipo de daño, aunque no fuera de manera consciente. Eso no me exime. Por eso requiere de mucha compasión para conmigo para que el sentimiento de culpa no prevalezca. ¡Ya está bueno! Así que, cada día me abrazo, me reconozco y con este reconocimiento me hago pertenecer a esta sociedad, a este mundo, a un propósito.

Debemos asumir que todos/as en algún momento dado podemos estar en los dos lados de la moneda: seremos quien sufre la herida o quien provocó la herida. Para ello, perdonar siempre será la opción que nos llevará a dos caminos: perdonamos y tomamos diferentes caminos o perdonamos y reconstruimos nuestras relaciones.

Esto me llevó a entender que toda persona que llega a nuestra vida tiene un propósito y posiblemente un tiempo de duración. Mas cuando ya no estén, no necesariamente significa que algo está mal, solo que ya cumplió su cometido en tu vida o tú en la vida de el/ella. Hace unos años recibí por regalo un libro que se titula: *Amigos que sanan*. Es un tesoro para mí y me ayudó grandemente a continuar sanando la dimensión emocional.

Este libro divide a los amigos en tres categorías:

- **Amigos de entretenimiento** – aquellos/as personas con las cuales compartes en actividades específicas.
- **Amigos ocasionales o de utilidad** – personas que están o estuvieron en un momento específico de tu vida.
- **Amigos del hoyo** – aquellos/as personas que esperas en los buenos momentos y no tan buenos momentos. Llegan a un nivel superior, se consideran nobles, duraderos y verdaderos.

Cuando entendí esto, pude calmar las manifestaciones de la herida de abandono y traición, siendo consciente que el otro/a simplemente es y nada hay que forzar. Solo debía entender por qué esta persona entró a mi vida; igualmente por qué ya no estaba en ella. El error sería poner presión sobre ellos/as y sobre mí para llegar a ser algo más que no necesariamente tendríamos que ser. Y créeme, cuando aprendemos a escucharnos (cuerpo, mente...) recibimos la respuesta a la mayoría de nuestras preguntas y sabemos cuándo sí y cuándo no. Esto no quiere decir que no cuidemos de las relaciones, que manipulemos o utilicemos a las personas con diferentes objetivos pensando que son desechables. Al contrario, es importante reconocer que la idea de un/a amigo/a puede salvarnos la vida.

Aunque hacer amigos/as no es una tarea fácil, nos pone en una posición vulnerable donde podemos salir heridos/as, los beneficios de tener amigos/as son mayores que los posibles riesgos. Pero es importante que primero decidas ser ese amigo de alguien y ello requiere sanar.

Agradezco a cada uno de ellos por ser y estar, en especial a aquellos/as amigos/as del hoyo porque sin necesitar mucha explicación saltaron al hoyo conmigo aun cuando sabían que no podían rescatarme. Simplemente dijeron: *Bueno, aquí estamos y la pasamos juntos/as.* Con esta clase de amigos tenía la confianza para expresarme libremente. Podía decirles: *Hoy no soy la mejor compañía, pero el estar con ustedes vale el esfuerzo. Hoy no me siento cómoda en mi propia piel, así que no me pidan que me sienta "bonita", que me sienta a gusto.* O lo mejor de todo, a veces ni tenía que hablar; con un intercambio de miradas era suficiente. Es entonces cuando te sientes en puerto seguro, cuando perteneces. Porque es poderoso sentir que en tus peores momentos tendrás al menos alguien que llegará para ayudarte.

A todos/as (familia, amigos/as, compañeros/as de trabajo…), gracias por permitirme ser una chapolera en sus vidas y poder cosechar lo mejor de ustedes.

Ejercicio

Nota: Este ejercicio ni ningún otro sugerido en este libro representa o sustituye un proceso de relación de ayuda, cliente-consejera.

Te comparto varias recomendaciones que pueden aportar en el proceso de sanación de la dimensión social y que yo he utilizado para sanar:

1. **Conecta con otros:** Si bien es cierto que los espacios en "soledad" son necesarios ya que te llevan a una mirada hacia adentro, salir, compartir, interactuar con personas y grupos es esencial.
2. **Escucha activamente:** Esa conexión con otros/as se fortalece cuando escuchas activamente y muestras interés genuino. Para ello, haz preguntas, muestra interés y demuestra empatía.
3. **Aprende habilidades sociales:** Estas incluyen habilidades como el saludo, la conversación, la empatía, la resolución de conflictos y poder tener conversaciones cruciales.
4. **Cuida de tus relaciones existentes:** Mantén el contacto con amigos/as y familiares. Envía mensajes, llama para mantener la conexión. Planifica actividades y/o reuniones. Invita a un café.
5. **Sé auténtico/a:** No tengas miedo de ser tú mismo/a. La autenticidad atrae a personas con intereses similares y crea relaciones más significativas.
6. **Ayuda a los demás:** Ofrecer apoyo y ayuda a quienes lo necesitan fortalece los lazos sociales. Ayudar a veces solo implica estar o acompañar.

Reconcíliate contigo, con tu ser, con tu historia, con tu cuerpo. Esto te permitirá transitar por la vida en plenitud.

Tomando en consideración lo antes mencionado, ¿qué tal si comenzamos a practicar habilidades que nos permitan mejorar nuestra dimensión social?

Ahora, sería buenísimo que hagas una lista de tus amigos/as, familiares, conocidos, (entretenimiento, ocasional o amigos del hoyo). Luego de hacer esta lista haz una reflexión y piensa en una acción que puedas hacer y anótala al ladito. Posiblemente esa acción requerirá de una llamada para agradecer, para pedir perdón, para hacer una invitación o incluso para ofrecer una ayuda. Este ejercicio tiene como finalidad que puedas fortalecer o reconstruir relaciones que son necesarias.

Listado (amigos, familiares, compañeros/as de trabajo, otros…)	¿Qué debo hacer para atender la relación?
1.	
2.	
3.	
4.	
5.	
6.	

7.	
8.	
9.	
10.	

Reconcíliate contigo, con tu ser, con tu historia, con tu cuerpo. Esto te permitirá transitar por la vida en plenitud.

Capítulo 6

Y fui pasilla: Dimensión espiritual

¡Y fui pasilla! Al café pasilla se le conoce como el "café malo", el que desechan porque de utilizarlo alteraría por mucho el sabor del café. Básicamente esos son los efectos del abuso sexual en la dimensión espiritual.

Si profundizamos en la dimensión espiritual y su significado me gustaría que pudiéramos ver esta dimensión más allá que una religión porque de eso se trata. La espiritualidad es poder describir cuál es la relación con tu ser y qué significancia le damos a la vida. ¿Recuerdas cuando te mencioné en el capítulo de las emociones que llegó un momento en que el cuarto se convirtió en mi refugio en la adolescencia debido al torbellino de emociones que enfrentaba?

Precisamente en ese oscuro espacio en el cual me adentraba, cuestionaba todo significado de vida, cuestionaba mi propósito y muchas veces mi existencia.

¡Sí, cuestionaba mi existencia!

Y aunque pudiéramos decir que muchos nos cuestionamos nuestra existencia en algún momento dado de nuestras vidas, es importante resaltar que el tener ideas o pensamientos suicidas se cataloga como suicidio sin haberse concretado el acto. Así lo emergente de que podamos comprender la importancia de estar conectado/a con nuestro ser y con nuestro propósito de vida.

Pero, ¿cómo le hablas de conexión, de propósito a una persona que fue abusada sexualmente, que precisamente siente toda la culpa, que en momentos no encuentra las ganas de vivir, no se puede mirar a un espejo y mucho menos reconocerse porque alguien hizo de ella lo que quiso, convirtiéndola entonces en pasilla, en ese café que era imposible de utilizar y por consiguiente imposible de servir? Al menos esos son algunos de los pensamientos que invaden a una persona que ha sido abusada sexualmente.

En mi caso, gracias a Dios tengo una familia que como todas, no es perfecta, pero si algo tengo que agradecerles es su fortaleza, su resiliencia y su fe, atributos que he utilizado a mi favor en todos mis procesos de sanación, en especial en la sanación del abuso sexual.

Desde siempre me inculcaron el amor por Dios y sobre todo lo que era vivir su experiencia. Con el pasar del tiempo confieso que tuve y tengo mis altas y bajas espirituales y pudiera cuestionarle a Dios muchas cosas, pero luego recuerdo que precisamente fui víctima de personas que, a su vez, estaban rotas, estaban lastimadas. Mas esto no es un acto de justificación ni de resignación. Más bien es de aceptación para no seguir cargando con un equipaje que solo traía peso, dolor, angustia y me quitaba la pasión por vivir.

Esa idea de no vivir pasó varias veces por mi cabeza y hasta se convirtió en intentos que gracias a Dios no se concretaron. Primero porque reconocía y reconozco el gran amor de Él hacia a mí y segundo, entiendo que no soy yo quien debo decidir cuándo irme de este espacio o dimensión terrenal. Para aquel entonces, lo describía como no tener el valor suficiente de quitarme la vida. Por eso, en aquella ocasión cuando intenté tomarme unas pastillas, por ejemplo, no me tomé las suficientes. Y no, no era manipulación como muchos/as erróneamente le llamamos a estas acciones. De hecho, las estadísticas de suicidio nos dicen que a pesar de que la taza de suicidio en el hombre es mayor, las mujeres lo intentan más veces, pero no concretan el acto por el método que utilizan.

Cuando reflexionaba sobre mis intentos o ideas sobre el suicidio era donde precisamente entendía que la espiritualidad es algo que vas más allá de una religión, que, aunque no estaba para aquel entonces conectada con mi propósito de vida, toda esta experiencia me estaba llevando a ser más consciente de mi identidad y paradójicamente me llevaba a aferrarme a este mundo, mas no de una forma meramente física o material sino existencial.

Entendía que a Dios solo lo podía ver como un ser de amor y no de condena y —¡guau!— que cuando estoy en comunión con Él, las cosas que suceden en mi vida son maravillosas, aun en las crisis. Claro, esto es algo que requiere un trabajo de sanación comprensivo para poder entenderlo y más que ello, para poder experimentarlo. En mi búsqueda de crecimiento espiritual, participaba activamente en grupos de la iglesia. Una de las cosas que más me apasionaba era trabajar con jóvenes. Luego de un tiempo entendí el porqué. Estos/as me ayudaban, sin que lo supieran, a conectar con mi propósito, le daban sentido a mi vida. Cuando compartía con ellos/as, casi siempre iniciábamos los talleres y reuniones conversando. No era una típica clase de catequesis; eso era lo fascinante y lo que creaba una cohesión espectacular en el grupo.

Luego de escucharlos/as, tomando en consideración la etapa de desarrollo en la que se encontraban, la ausencia de propósito y la misión de que experimentaran a Dios como uno de amor, les proponía que reflexionáramos sobre la vida, sobre los intereses, las experiencias entre otros con la finalidad de encontrar al menos una cosa (el gancho) que nos adhiriera a este mundo. A veces no era fácil identificarlo, pero cuando lo lográbamos, la intención era "enganchar-nos" para nunca soltarnos de la vida. Como quien dice le encontrábamos el rico sabor al café. Era interesante cómo se daba esa dinámica con ellos/as, aunque debo confesarles que a veces dolía mucho. El rasgo de PAS (personal altamente sensible) se manifestaba exponencialmente al no comprender y cuestionarme la posibilidad de tanto dolor en los/as jóvenes y a su vez la ausencia de propósito. De lo que en aquel entonces no me daba cuenta es que estos jóvenes a través de sus historias y conversaciones me dejaban saber, *Te duele porque tú tampoco realmente has encontrado tu propósito.*

Encontrar ese café rico a mí me costó muchos años. Por mostrarte un ejemplo, este libro tiene muchos, pero muchos años pensado y no es hasta ahora que puedo compartirlo (2023). Y eso no está mal. Fue mi proceso y este es el momento. Más bien, con esto solo te muestro cuánto uno/a puede alejarse de su propósito de vida, de esa significancia cuando no buscamos sanar. Pero como dicen por ahí: Lo que está destinado a ser, no importa el tiempo encontrará una forma única y maravillosa para manifestarse.

Lo que a mí me ocurrió, muy pocas personas lo sabían y si lograba abrirme con alguien solo les comentaba que era sobreviviente de abuso sexual. No fue hasta los 39 años, en el 2016 cuando participé de un Taller de Crecimiento Personal que pude adentrarme de manera consciente a la herida del abuso. (Por cierto, agradezco a la Parroquia Sagrados Corazones de Guaynabo por insistir para que participara.) Al principio confieso que aunque había llegado con la mejor actitud de poder recibir lo que fuera necesario, al momento de toparme con la herida del abuso sexual, intenté cortar y bloquear toda comunicación. Decidí no participar de los ejercicios que sugerían y hasta intenté irme. El café pasilla en ese instante se desbordó. Pero esto fue necesario para que la ebullición ocurriera y con ella pasáramos de ser café pasilla a ser café especial.

El café especial lo puedo explicar como ese despertar espiritual que comenzó en mí desde ese entonces, permitiéndome volver a mí misma, a una toma de conciencia de una nueva realidad y de quién era realmente, centrándome en el verdadero significado y propósito de vida. Y, ¿sabes algo? Una vez se empieza ese despertar, ya no hay vuelta atrás. Mas no pensemos que un despertar espiritual es tarea fácil; más bien es afrontar y sanar aquello que nos hizo daño. Es llorar y en ocasiones sentirte asustado/a. Lo que sí es seguro es que siempre será un viaje a nuestro interior que te permitirá ir echando a un lado "el café pasilla" hasta que te sientas alineado/a contigo mismo/a y frente a tu lugar en el mundo.

Desde ese entonces, comencé a tomar decisiones que me llevaron, entre otras cosas, a estudiar para mi reválida de consejera profesional, algo que llevaba procrastinando por varios años. Logré obtener mi licencia que me permitió comenzar la práctica privada de la consejería y a su vez escuchar pacientes que de igual forma experimentaron el abuso sexual. Entonces esa fue una confirmación que este libro, que esta invitación, tenía sentido. Por ello comencé a tener conversaciones con personas que pudieran apoyarme en el proceso y me tocó retomar la escritura.

Así se manifiesta el crecimiento espiritual, cuando permitimos que nuestro sentido de identidad y la comprensión de uno/a mismo se desarrollen.

¿Cómo podemos cultivar nuestra espiritualidad?

1. Intenta utilizar técnicas de oración, meditación, atención plena y relajación para enfocar tus pensamientos.
2. Lleva un diario que te permita expresar tus sentimientos y registrar tu progreso.
3. Busca un/a guía espiritual de confianza según tus creencias que pueda ayudarte a descubrir lo que es importante para ti en la vida.
4. Lee libros y/o historias inspiradoras que te ayuden a evaluar las diferentes formas de vidas
5. Habla con otros/as cuyas vidas espirituales admires. Haz preguntas para saber cómo encontraron el crecimiento espiritual.
6. Ten tus momentos de soledad, apagando el teléfono y todo aparato electrónico.

Reconcíliate contigo, con tu ser, con tu historia, con tu cuerpo. Esto te permitirá transitar por la vida en plenitud.

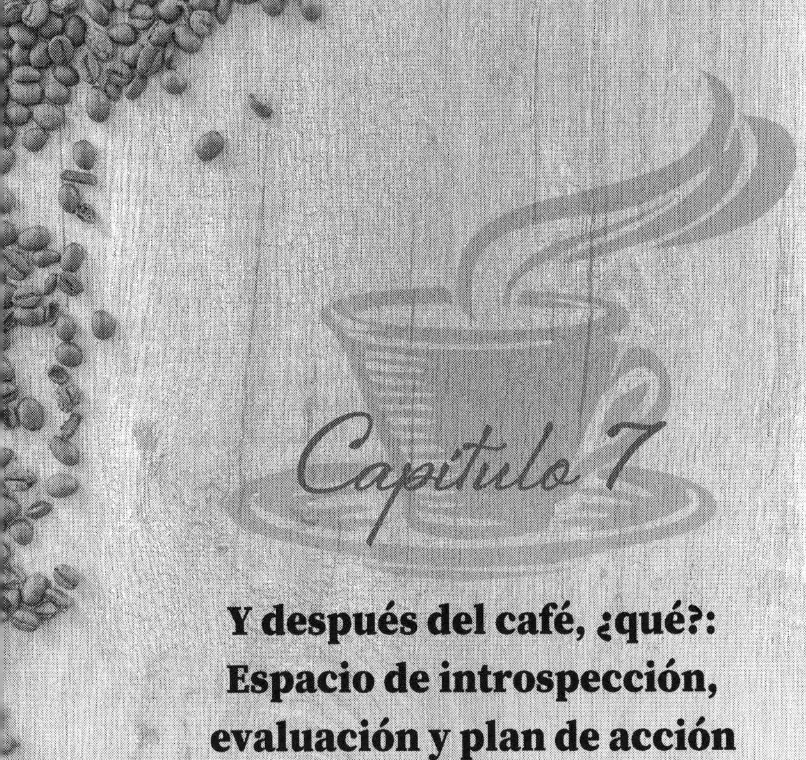

Y después del café, ¿qué?: Espacio de introspección, evaluación y plan de acción

Llegaste hasta aquí. Te felicito por ello y sobre todo te agradezco haber aceptado la invitación al café. Ahora ya tienes y comprendes por qué mi relación tan cercana y preciada por esta sustancia que considero mágica. Posiblemente te preguntarás: *Y después del café, ¿qué?* Pues mira, debo decirte que ahora viene lo mejor de esta invitación y me explico. Ya leíste algo de mi historia y de cómo fui sanando la herida del abuso sexual a lo largo de los años.

Es muy probable que aceptaste la invitación al café porque pasaste por una experiencia muy similar a la mía, querías conocer más de mí o simplemente querías tener herramientas adicionales para atender a tus pacientes-clientes que han sufrido una agresión sexual como yo. No importa cuál fuese la razón de haber aceptado la invitación, ahora me gustaría que fueras tú quien me invitaras a un café y para mí sería un placer. El mío puede ser americano, doble *shot* con *whip* y canela. Sin azúcar, ¡por favor!

Esto será posible porque ahora te toca a ti entrar en un proceso de reflexión que te llevará a preparar tu mejor café. Para ello tendremos una mirada más profunda a lo que son las heridas emocionales de las cuales fui hablando a lo largo del libro. Además de poder definir estas, hablaremos de cómo identificarlas, cómo se manifiestan, pero lo más importante, cómo se puede iniciar un proceso de sanación de las heridas.

Menciono iniciar un proceso porque como te mencioné anteriormente, el crecimiento personal es de toda la vida. Mas habrá personas y/o situaciones que de manera inconsciente pudieran activar en cualquier momento el "chip" de alguna de las heridas. Por eso es necesario que tengamos muy consciente cuáles son nuestras heridas para que cuando ocurra lo antes mencionado tengamos las herramientas necesarias de afrontamiento y respondamos desde la sabiduría y no desde la herida. Recordemos que las personas heridas, hieren a las personas. Mientras que las personas sanas, sanan a la gente. Tú elijes qué tipo de persona quieres ser. Y el invitarme a una taza de café te llevará a ser de esas personas que sanan, así como yo lo intenté e intento.

¿Ya serviste el café? Te había mencionado que con mucho gusto acepto la invitación.

Hablemos entonces de lo que son las heridas emocionales. Para este tema utilizo de referencia a Lise Bourbeau, canadiense especialista en el tema de las heridas emocionales y en aprender a escuchar nuestro cuerpo. Bourbeau define las heridas emocionales como experiencias dolorosas de la niñez que influyen en nuestra forma de ser y en cómo afrontaremos las adversidades. Todos los problemas de orden físico, emocional o mental del ser humano se resumen en estás heridas.

Las heridas emocionales pueden ser producto de eventos traumáticos (abusos, muerte de algún familiar, malos tratos, etc.), como también pueden ser ocasionadas por una distorsión en la interpretación de la realidad durante la infancia.

Es importante señalar que en la infancia somos buenos captando las situaciones e incluso los detalles, pero nuestra interpretación es todavía muy inmadura, no logrando entender adecuadamente lo que sucede a nuestro alrededor.

Algunas de esas heridas las vamos sanando en el proceso de crecimiento, pero otras se van "infectando". Para afrontarlas, vamos adoptando diversos comportamientos con los que conseguimos "evitar" el dolor que nos producen. Pero, justamente, ese es el problema: que lo evitamos, no lo resolvemos y el problema se va "enquistando" cada vez más dentro de nosotros. Esto es un claro ejemplo de por qué nos convertimos en pajilla, ese café malo.

Se podría decir que nos anestesiamos y eso impide que le demos la importancia que requiere y no busquemos ayuda para resolverlo. Carl Jung decía: "Hasta que lo inconsciente no se haga consciente, el subconsciente seguirá dirigiendo tu vida y tú lo llamarás destino." Nos toca abrir esa gaveta del inconsciente para que en un estado consciente reconozcamos nuestra historia, ese sabor a café.

Las heridas emocionales que según Lise nos impiden ser nosotros/as mismos/as son: el rechazo, el abandono, la humillación, la traición y la injusticia. Es importante que todos y todas reconozcamos que pudimos experimentar una o varias de estas heridas. ¿Cómo podemos identificarlas?

1. Identificando las experiencias de dolor en nuestra niñez.
2. Identificando nuestra máscara, es decir, el rasgo de la personalidad más dominante.
3. A través de nuestro cuerpo, su forma, sus condiciones, sus enfermedades, etc.

Otro dato importante para mencionar es que las heridas se presentan en un orden cronológico y se pudieran relacionar con lo que conocemos en nuestra niñez con la figura de mamá o papá. Aunque en la información que utilizo de referencia se habla de la niñez, a mí me gusta llevar el tema de las heridas emocionales tal vez hasta una preadolescencia. De igual forma, se menciona a mamá y a papá, los cuales yo diría que son aquellas figuras que manifiesta autoridad. Precisamente por eso se llega al abuso. Se ejerce una relación de poder y control.

Esto último tiene mucha relevancia porque identificar quién pudo causar la herida nos ayuda en el proceso de sanación cuando nos adentramos en el perdón. Nos liberarnos del sentimiento de culpa y vergüenza que no nos pertenece.

Este tema de las heridas emocionales ha sido vital para adelantar y de manera exponencial en mi proceso de sanación, incluso para la prestación de servicios de consejería profesional. Mientras escribo esto vienen a mí muchas imágenes y las voces de mis clientes cuando me dicen: *Jessica, nunca había entendido el porqué de tal comportamiento hasta que comprendí e identifiqué mi herida emocional.* Realmente es liberador y lo vivo con ellas/os.

Por darte un ejemplo, recuerdo el caso de una joven que terminando la sesión me preguntó: *¿Usted ha sufrido alguna herida?*

La verdad es que no esperaba para nada la pregunta por lo cual solo pude a su vez preguntar: ¿Por qué haces esa pregunta? Recuerda que todos y todas en algún momento hemos tenido experiencias adversas que nos han causado heridas.

Ella respondió: Sí, entiendo, pero es que nunca me había sentido tan cómoda en un proceso de relación de ayuda, poder hablar sin sentirme juzgada y la empatía que tiene para conmigo solo me hace pensar cada vez que me reúno con usted que ha pasado por experiencias similares para poder entenderme a la perfección.

En ese momento tuve que ser honesta con ella y solo pude repetir: *No me esperaba todo esto que me estás compartiendo.* Gracias a Dios, la sesión estaba por terminar. Así que como pude, terminé la sesión y agendé su próxima cita. Esto para mí fue como si me hubieran echado un balde de agua fría y ese día no pude continuar ofreciendo terapias. Procedí a llorar lo más que pude y a acostarme a dormir hasta el otro día. Por eso, al inicio de mis terapias acostumbro a decirles a mis clientes que soy consejera, pero, sobre todo, soy un ser humano al igual tú. En este proceso de relación de ayuda no solo aportaré con mi conocimiento, sino que también lo haré con mis experiencias de vida. Después de esto, debo reconocer que necesito otro café, tal vez respirar unas cuantas veces para regresar al aquí y al ahora. A respirar.

Te decía que Lise nos habla de 5 heridas emocionales, sus máscaras (rasgos de la personalidad más dominante) y sus manifestaciones a través de nuestro cuerpo. Vamos a enlistarlas y a profundizar en estas.

1. **Herida del rechazo** (proviene del progenitor del mismo sexo)

El adulto que tiene esta herida vivió experiencias de rechazo en su niñez y tenderá a rechazarse a sí mismo/a y a los demás. También rechazará experiencias placenteras y de éxito por el profundo sentimiento de vacío interno y por tener la creencia errónea de ser "poco merecedor/a". Culpa a los demás de ser rechazado/a y sin ser consciente de ello, es él/ella quien se aísla, creando así su círculo vicioso.

- Máscara - Huidizo o fugitivo
    - ✓ Prefiere el mundo espiritual, la literatura, las fantasías.
    - ✓ Es perfeccionista y sospecha que si comete un error va a ser rechazado/a.
    - ✓ Cree en el fondo que es indigno (al menos en parte) de estar en el mundo.
    - ✓ Cree que tiene poco valor.
    - ✓ Suele ser delgado/a. No tiene la paciencia para comer o carece de apetito.
    - ✓ En situaciones sociales se vuelve invisible.
    - ✓ Le gusta la soledad, por temor de que si la gente lo/a ve, va a ser juzgado/a por su comportamiento y lo/a rechazarán.
    - ✓ Evita atención de la gente.

➢ El pánico es el mayor temor del huidizo. Preferirá desaparecer porque al momento de entrar en un estado de pánico se paralizará. El temor de sentir pánico también hace que el huidizo pierda la memoria frente a diversas situaciones. Puede creer que padece de problemas de memoria.

➢ Cuerpo

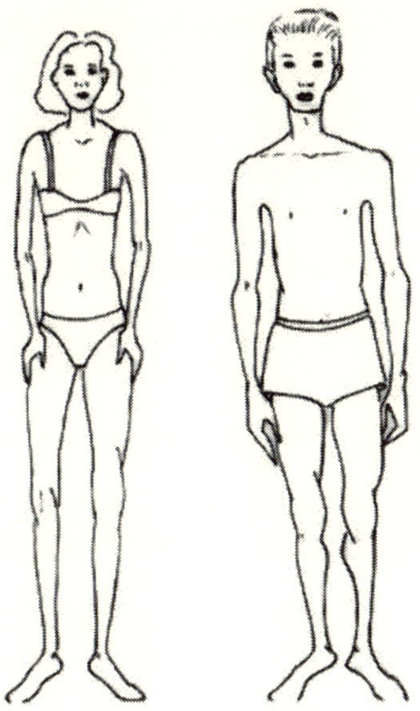

The fugutive body type, según Lise Bourbeau, 2009

- ✓ Tendencia a la delgadez.
- ✓ Musculatura apretada.
- ✓ Ojos pequeños y con miedo al contacto directo.
- ✓ Tensión en el cuello y la cabeza por toda la actividad mental.

➢ Alimentación

- ✓ Respecto a su alimentación prefiere porciones pequeñas y por lo general pierde el apetito cuando siente temor.

➢ Enfermedades o condiciones posibles

- ✓ Cutáneas, diarreas, arritmia, cáncer, enfermedades respiratorias, desmayo, depresión, ideas suicidas y otras.

2. **Herida del abandono** (proviene del progenitor del sexo contrario)

La soledad se convierte en el peor miedo de quien vivió abandono en la infancia. Su herida se convierte en su paradoja y piensa: "Te abandono yo antes de ser abandonado por ti". Quien vivió abandono tenderá a abandonar proyectos y parejas hasta que haga consciente su carencia y se haga responsable de su vida y su soledad.

- Máscara – Dependiente
  - ✓ No cree en sí mismo/a y espera que otros lo/a apoyen constantemente.
  - ✓ Cree que es víctima.
  - ✓ No puede tomar decisiones por su cuenta; siempre pide consejos y confirmaciones.
  - ✓ Suele tener la voz de un niño/a.
  - ✓ Su emoción principal es la tristeza.
  - ✓ Hace todo lo que desean las otras personas para que no lo/a rechacen.
  - ✓ Le gusta el sexo y utiliza sus habilidades para mantener unida una relación.
  - ✓ Busca la atención y la aprobación constantemente.
  - ✓ La soledad es su mayor miedo.
  - ✓ Cambia frecuentemente sus estados de ánimo.

➢ Su principal temor es a la soledad, ya que está convencido/a de no poder soportarla. Está dispuesto/a a aguantar situaciones muy difíciles en lugar de ponerles fin.

- Cuerpo

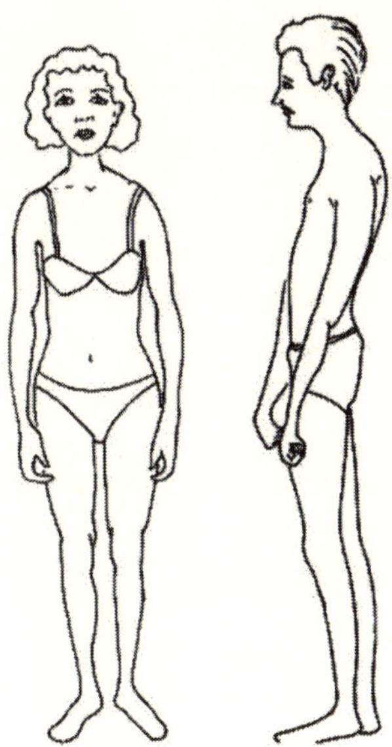

The Dependent Body Type, según Lise Bourbeau, 2009

  - ✓ Cuerpo delgado sin tonicidad muscular.
  - ✓ Piernas débiles.
  - ✓ Espalda encorvada.
  - ✓ Brazos de apariencia largos.
  - ✓ Ojos grandes tristes, con mirada que atrae.

- Alimentación
  - ✓ Buen apetito, bulimia, preferencia a alimentos blandos y come despacio.

- Enfermedades o condiciones posibles
  - ✓ Bronquitis, migraña, miopía, histeria, depresión, enfermedades raras, enfermedades incurables, otras.

3. **Herida de humillación** (proviene del que se hizo cargo del desarrollo físico del menor, por lo general la madre)

Los adultos que tuvieron experiencias de todo tipo de abusos, incluyendo el sexual, o experimentaron humillaciones, comparaciones o que fueron ridiculizados, avergonzados por su aspecto físico, por sus actitudes y/o comportamientos durante su niñez, suelen llevar esa carga a cuestas y la mayoría de las veces son seres inseguros, tímidos e indecisos que en lo más profundo de su ser se sienten culpables y no creen tener derechos elementales e incluso pueden dudar de su derecho a existir.

- Máscara – Masoquista
  - ✓ Se avergüenza de sí mismo/a o de otras personas; por eso tiende a ocultarse.
  - ✓ Está obsesionado/a con la limpieza, ropa perfecta y la forma en que se ve para que otras personas no lo/a desprecien.
  - ✓ Esconde los acontecimientos en su vida que parecen humillantes.
  - ✓ No suele atender convenientemente a sus necesidades.
  - ✓ Se cree inferior a otras personas.
  - ✓ Es fácilmente herido/a por la crítica y se siente humillado/a.
  - ✓ Su mayor temor es la libertad.
  - ✓ Atrae a personas que lo/a hacen sentirse humillado/a. Una mujer puede atraer a un hombre que coquetea con otras mujeres; un hombre puede atraer a una mujer que es muy provocativa a otros hombres.

- ✓ Voluntariamente ayudan a la gente, pero terminan convirtiéndose en sus "siervos" porque creen que al ayudar a las personas hará que los/as valoren más.
- ✓ Se castiga a sí mismo/a con la esperanza de castigar a su humillador/a.
- ✓ Busca situaciones en las que pueda olvidarse de sí mismo/a.
- ✓ Come en exceso para compensar las cosas que faltan.

- ➢ El mayor temor del masoquista es la libertad. Piensa que no sabrá qué hacer con ella. Se las ingenia para no ser libre y la mayor parte del tiempo es quien toma la decisión.
- ➢ Cuerpo

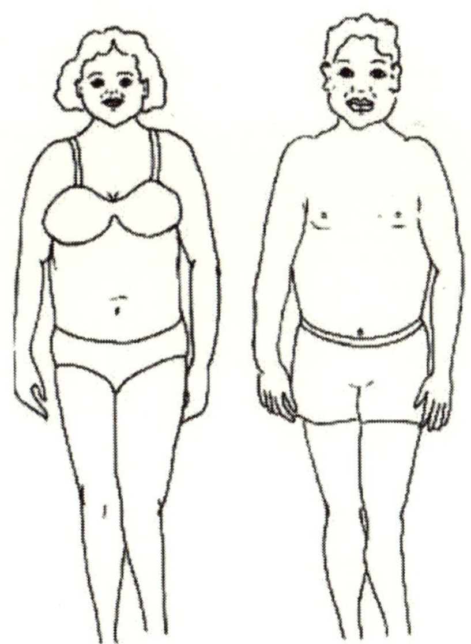

The Masochist Body Type, según Lise Bourbeau, 2009

- ✓ Desarrolla un cuerpo grueso que también le avergüenza.
- ✓ Un cuerpo grueso es diferente a un cuerpo fuerte.
- ✓ Talle corto, cuello grueso, tensión en el cuello.
- ✓ Rostro redondo.
- ✓ Ojos grandes, redondos, abiertos e inocentes como los de un niño.

➢ Alimentación

- ✓ Acostumbra a comer alimentos altos en grasas, chocolates, es bulímico/a o ingiere muchas porciones pequeñas. Se avergüenza al comprar y comer golosinas.

➢ Enfermedades o condiciones posibles

- ✓ Problemas respiratorios, disfunciones hepáticas, tiroides, irritaciones en la piel, hipoglucemia, enfermedades del corazón, diabetes y otras.

4. **Herida de traición** (proviene del progenitor del sexo contrario)

El adulto con herida de traición será un desconfiado empedernido, ya que no se permite confiar en nada ni nadie. Su mayor miedo es la mentira y buscará de manera inconsciente involucrarse en situaciones en las que irremediablemente será traicionad, cumpliéndose la profecía que él/ella mismo/a decretó: "No confíes en nadie; todo el mundo te traiciona". La mayoría de quienes experimentan celos tuvieron vivencias de traición en su niñez.

- Máscara – Controlador/a
  - ✓ Cree que es muy fuerte y tiene un montón de responsabilidades.
  - ✓ Quiere ser percibido/a como fuerte y especial. Siempre está hablando de sí mismo/a y de sus logros.
  - ✓ Tiene dificultades para mantener sus promesas.
  - ✓ Se enfada con facilidad.
  - ✓ Es seductor/a y manipulador/a.
  - ✓ Toma el poder y hace que los demás se sientan débiles.
  - ✓ Cambia fácilmente su estado de ánimo.
  - ✓ Cree que es dueño/a de la verdad y la impone a otros también.
  - ✓ Es intolerante.
  - ✓ Se esfuerza para que sus actuaciones sean valoradas.
  - ✓ No acepta sus vulnerabilidades.
  - ✓ No sabe confesar sus errores.

- Cuerpo

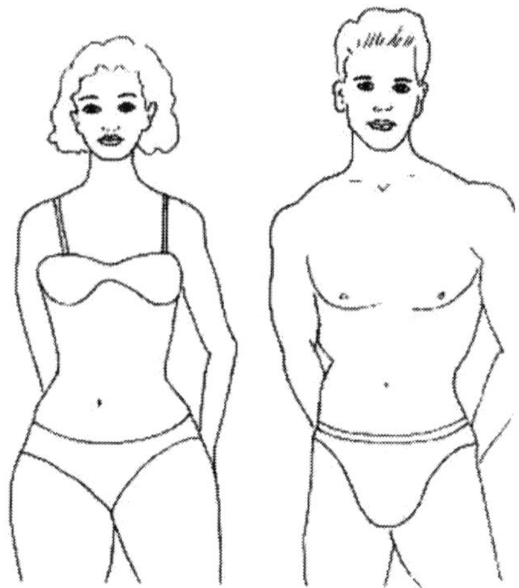

The Dominator Body Type, según Lise Bourbeau, 2009

- ✓ Mujer - La fuerza se concentra en las caderas, los glúteos, el vientre y los muslos. Tiene el cuerpo en forma de pera. Mientras más acentuada esta forma, más profunda la herida.
- ✓ Hombre - La parte superior de su cuerpo suele emanar mucha más fuerza que el resto. Tiene los hombros fuertes, bíceps gruesos, pecho saliente y camisa ajustada.
- ✓ La mirada del controlador/a es intensa y seductora. Cuando mira a una persona tiene el don de hacerla sentirse especial e importante. Estas personas tienen la capacidad de ver todo rápidamente. Utilizan con frecuencia sus ojos para mantener a los demás a distancia cuando está a la defensiva o para fijar la mirada en el otro e intimidar.

- El mayor temor del controlador/a es la disociación, por lo cual se le hace muy difícil romper compromisos.

Se sentirá traicionado/a por el otro o que se traicionó a sí mismo/a. La negación es otro gran temor del controlador/a, ya que recibir una negativa es sinónimo de traición.

- Alimentación
  - ✓ Tiende a comer rápido porque no tiene tiempo para perder. Cuando está muy ocupado/a puede olvidarse de comer e incluso afirmar que no es importante para él/ella. Sin embargo, cuando decide comer lo hará en grandes cantidades y lo disfrutará. Utiliza aderezos y sales para sus alimentos.
- Enfermedades o condiciones posibles
  - ✓ Agorafobia, temor a la locura, enfermedades de control o flexibilidad, problemas con el sistema digestivo especialmente el estómago y el hígado, parálisis, pérdida de control en determinadas partes del cuerpo.

5. **Herida de injusticia** (progenitor del mismo sexo)

Experimentar la inequidad es el peor enojo de quien tiene la herida de injusticia y es posible identificar a quienes la han vivido en su niñez al observar las reacciones desproporcionadas y neuróticas ante alguna situación injusta. Todas las personas en algún momento hemos vivido o presenciado situaciones injustas. Sin embargo, a quienes tienen la herida les es imposible lidiar con ello y sus reacciones tienden a la autodestrucción. Una de las características más importantes es su gran temor a equivocarse y su tendencia a buscar la perfección, lo cual les trae mucha frustración y su gran reto para sanar es buscar la flexibilidad y la humildad.

- **Máscara – Rigidez**
  - ✓ Se esfuerza por ser siempre correcto.
  - ✓ Se obsesiona con la justicia.
  - ✓ Bloquea sus sentimientos.
  - ✓ Cruza los brazos con frecuencia.
  - ✓ Le gusta la limpieza y la disciplina.
  - ✓ Es intolerante con los errores.
  - ✓ Su voz es plana e inflexible.
  - ✓ No admite que tiene problemas.
  - ✓ Le resulta difícil de acoger a la gente; prefiere estar solo/a.
  - ✓ Cuando se disfruta de sí mismo/a, se siente culpable.
  - ✓ Tiene altas expectativas de sí mismo/a y cruza sus límites.
  - ✓ Es sensible, pero desarrolla un control sobre la sensibilidad para que pueda ser percibido/a como fuerte.

➢ Cuerpo

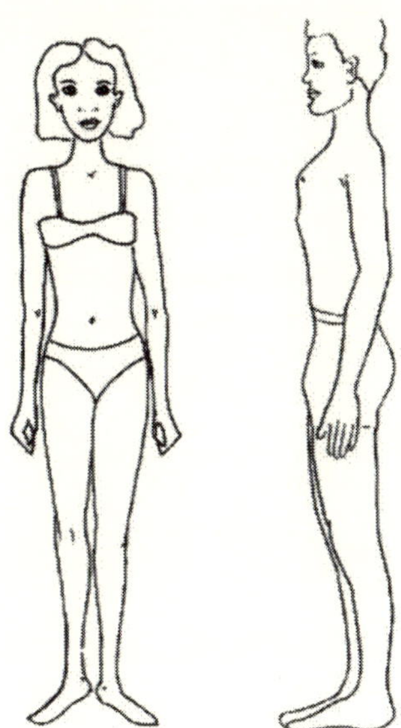

The Rigid Body Type, según Lise Bourbeau, 2009

- ✓ Cuerpo erecto, rígido y lo más perfecto posible.
- ✓ Tiene la misma proporción en los hombros y las caderas.
- ✓ Puede engordar, pero sigue teniendo la misma proporción.
- ✓ Glúteos redondos y bonitos.
- ✓ Utilizan cinturones ajustados.
- ✓ Están llenos/as de vidas y son dinámicos/as, pero sus movimientos suelen ser sin gran flexibilidad.
- ✓ Su piel es clara.
- ✓ De mirada brillante y viva.

- La frialdad es el mayor temor del rígido. Cree que es afectuoso/a y no se percata que los demás lo pueden considerar insensible y frío/a.
- Alimentación
  - ✓ Prefiere los alimentos salados a los dulces. Le gustan los crujientes. Posiblemente decidirá ser vegetariano/a. Controla demasiado la alimentación; cuando pierde el control suele justificarse diciendo, no suelo comer así, pero hoy lo haré.
- Enfermedades o condiciones posibles
  - ✓ Siente la rigidez a modo de tensión en la parte superior de la espalda. Siente agotamiento por la carga de trabajo. Toda enfermedad que termina en "itis" indica ira reprimida. Tiene problemas de estreñimiento y hemorroides por su dificultad de ceder el control, problemas de circulación por su dificultad a sentir placer, nerviosismo, aunque suele controlarlo. Sufre de insomnio máxime cuando no todo está terminado o perfecto. Sufre de problemas de la vista mayormente por no querer ver que su percepción ante algo no necesariamente es la correcta.

¿Se les acabó el café? Luego de haber adentrado a las heridas emocionales de una manera más comprensiva quisiera traer varios elementos. La información antes descrita no supone un diagnóstico. Por otro lado, es solo una guía para ayudarte en el proceso reflexivo, mas no necesariamente debes cumplir al cien (100) porciento con toda la descripción de alguna herida. Lo importante es que de manera consciente, responsable y transparente te des la oportunidad de iniciar un reconocimiento que dé paso a la aceptación y por consiguiente a la sanación.

En este caso, como se describe (aunque no excluye otras heridas), la herida de humillación es la más relacionada a la agresión sexual. Si te hablo de mí, además de la humillación, la otra predominante lo fue la traición. ¿Te hace sentido el trabajo constante con el peso, la rosácea y la condición de la vista, entre otras manifestaciones compartidas en este libro? Así de impresionante fue cuando leí el libro que utilizo de referencia para este tema: *Las 5 heridas que impiden ser uno mismo*. Por consiguiente, el tener identificada la herida nos permite hacernos consciente o al menos iniciar ese paso.

Me gustaría que precisamente en este punto llevemos al papel todo aquello que vino a tu mente mientras te adentrabas en cada una de las heridas, teniendo en consideración lo que decía Ugo Ojetti: "Quien describe su propio dolor, aunque llore, está a punto de consolarse." Así que al hacer este ejercicio no olvides:

- Comenzar la travesía a uno/a mismo/a (la mirada es hacia adentro).
- Comprender tu propio dolor (ser gentil contigo mismo/a)
- Abordar el miedo a la soledad.
- Percatarte de los momentos en que eres tú mismo/a (armonía con tu ser)
- Perdonar lo que te has hecho a ti mismo/a o lo que has hecho a otros/as.

Ejercicio

Si ese problema que vienes "arrastrando" desde la infancia ya se resolviese, ¿cómo te darías cuenta o qué sucedería? Ejemplo: Cuando era niño/a me agredieron sexualmente. Si resolviese ese dolor no sentiría vergüenza y culpa. Aceptaría mi cuerpo tal como es.

Cuando hayas identificado la posible solución al dolor provocado por la herida comienza a practicarlo a diario. Sí, como si se hubiese sanado, como si se hubiera resuelto. Es ponernos en la posición "ya lo tengo".

Esto no es otra cosa que hacer cambios externos para traer consigo cambios internos. No solo los cambios en la manera de pensar cambian las conductas sino también el cambio de conducta cambia nuestra manera de pensar. Se le llama experiencia emocional correctiva.

¿Cómo sabemos que vamos sanando?

- Hacemos mayor conciencia de las máscaras que utilizamos.
- Ocurre en una rebelión ante lo sucedido. No resistimos a aceptar la responsabilidad de sanar y culpar a otros.
- Nos otorgamos el derecho de sufrir el daño sufrido y reprochar a nuestros padres por ello. Esto nos lleva a ser más compasivos con nosotros/as mismos/as y con nuestros padres.
- Comenzamos a ser nosotros/as mismos/as. Nos sentimos cada vez más cómodos/as en nuestra propia piel.

- Comenzamos a percibirnos y a sentirnos amados/as, inclusive por nosotros/as mismos/as (amor propio).
- Entendemos que amarnos significa darnos el derecho a ser tal y como somos ahora. Amarnos significa aceptarnos aun si hacemos a los demás lo mismo que les reprochamos. El amor no tiene nada que ver con lo que haces o con lo que posees. El amor verdadero es la experiencia de ser nosotros/as mismos/as.

Si has pasado por una experiencia o varias de agresión sexual y no fue hasta ahora que te pudiste hacer consciente de esta, te estarás preguntando: *Ahora, ¿qué hago?*

Hoja de ejercicio

Situación identificada:

Posible solución:

El ejercicio que trabajaste anteriormente te llevó a una introspección a lo que yo llamo "una mirada hacia adentro". Es ahí donde inicia todo proceso y encontramos la mayoría de las respuestas a nuestras preguntas. En ocasiones hacemos el proceso a la inversa y buscamos las respuestas afuera y nos perdemos en el intento. Lo importante de esta mirada hacia adentro es que debe ser una que eventualmente nos lleve a la acción; o sea, que no permanezcamos ensimismados/as. En el proceso de relación de ayuda, cuando hago este tipo de ejercicios con mis clientes, les menciono que vamos a revisitar posiblemente nuestra historia pasada y vamos a tener que mirar hacia adentro, pero que la intención no es quedarnos ahí. En todo caso, revisitamos, rescatamos la información y nos ponemos a trabajar en aquello que queramos sea diferente. Porque posiblemente no somos responsables del inicio de nuestra historia, pero sí del presente de esta y quizás de su final.

Ahora nos toca entonces continuar haciéndonos responsables de nuestra historia. ¿Por qué digo continuar? Porque para mí ya iniciaste al momento de aceptar la invitación a mi café. Y aunque estos ejercicios ni el libro no sustituyen ningún proceso formal de relación de ayuda, vas en buen camino.

Mantén contigo la información del ejercicio anterior y comencemos una especie de "radiografía" de tu ser que te servirá para establecer cuáles son los próximos pasos. Inclusive podrás intentar otorgar un orden de priorización. Es como si fueras a escribir una parte de la historia de tu libro, ese proyecto de vida que tiene como finalidad la sanación de las heridas (para contexto de este libro, la de la agresión sexual) en busca de ese bienestar y una vida plena.

¡No olvides la taza de café!

Comenzaremos definiendo de manera breve varios conceptos, intentando que te haga sentido lo que estaremos trabajando.

La definición del bienestar depende de la interpretación de cada persona. Es más que la ausencia de enfermedad o estrés. El bienestar incluye la presencia de:

- un propósito en la vida;
- la participación en un trabajo y/o una actividad de recreación gratificante;
- las relaciones saludables;
- un cuerpo y entorno de vida sanos;
- la felicidad.

Implica mantener una vida equilibrada; es decir, asegurarnos de tener tiempo para las cosas que nos dan felicidad y satisfacción. Esto incluye trabajar, divertirse, pasar tiempo con la familia y los amigos, participar en actividades comunitarias, estar físicamente activo (incluyendo sexualmente), rezar, relajarse y dormir, entre otras actividades.

Ahora pasemos a contestar unas preguntas que son esenciales y serán como el grano de café listo para echar al molino.

- ¿Quién soy?
- ¿Cuáles considero que son mis fortalezas?
- ¿Qué considero que son mis áreas de oportunidad?

(Otras personas las llamarían debilidades, pero no me encanta nombrarlas de esa manera.)

Te invito a un café

No debes contestar estas preguntas a la ligera y sugiero que estés en un espacio donde te sientas cómoda/o, segura/o y te produzca paz.

Hoja de ejercicio

Te invito a un café

Vas muy bien, colando ese café. Está casi, casi listo para servir. Pero antes de eso, vamos enmarcando la información y creando lo que pudiera ser tu primer borrador de tu proyecto de vida. Veamos la rueda del bienestar y sus dimensiones que utilizo de referencia de la Administración de Servicios de Salud Mental y Abuso de Sustancias (SAMHSA por sus siglas en inglés) y su Iniciativa para el Bienestar. En mi práctica de consejería es una herramienta esencial.

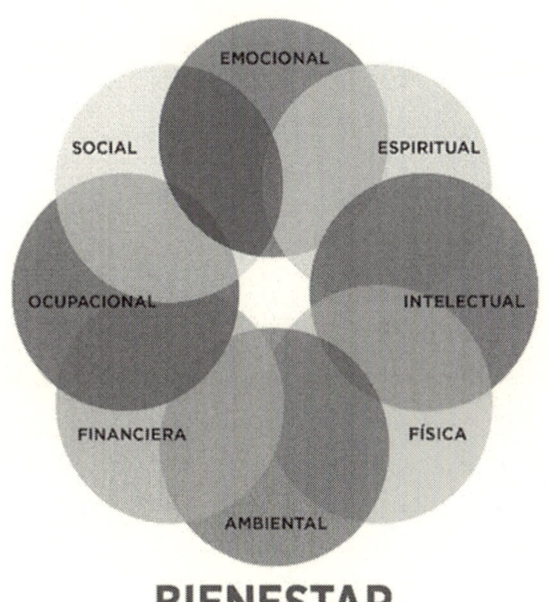

Repasemos brevemente lo que implica cada dimensión:

- Emocional - Hacer frente a la vida con eficacia y crear relaciones satisfactorias.
- Ambiental - Buena salud a través de crear ambientes agradables y estimulantes que apoyen el bienestar en general.
- Financiera - Satisfacción con la situación financiera actual y futura.
- Intelectual - Reconocer nuestras capacidades creativas y encontrar maneras de ampliar nuestros conocimientos y habilidades profesionales.
- Ocupacional - Satisfacción personal y beneficios provenientes de nuestro trabajo físico.
- Física - Reconocer la necesidad de la actividad física, los alimentos saludables y el sueño restablecedor.
- Social - Establecer conexiones, un sentido de pertenencia y un buen sistema de apoyo.
- Espiritual - Expandir nuestro sentido de propósito y significado de la vida.

Tomando en consideración las respuestas de los ejercicios anteriores continúa con los siguientes pasos:

1. Divide tu ser en las 8 dimensiones del bienestar: espiritual, emocional, intelectual, física, ambiental, social, ocupacional y financiera.
2. Piensa en cada una de ellas y otórgale un valor del 1 al 10. Este valor debe reflejar el grado de satisfacción con cada dimensión, siendo el 10 el número de máxima satisfacción.

3. Ordena las dimensiones de menor satisfacción a mayor satisfacción según el valor otorgado. Esto te permitirá priorizar las dimensiones a trabajar.

4. Escribe las posibles razones por las cuales entiendes algunas dimensiones obtuvieron un grado de satisfacción bajo. Estas razones se convertirán en tus metas y objetivos. Aquí ya estás dándole forma al proyecto.

5. Al identificar las metas y los objetivos añade dos elementos: tareas o actividades a realizar y una fecha aproximada para el logro de estas. No olvides la flexibilidad.

Al otorgar el valor a cada dimensión debes ser honesto/a contigo mismo/a. Aquí no hay un juicio valorativo a las respuestas que realices. Al contrario, la honestidad te permitirá una radiografía más certera del estado de cada una de las dimensiones. Sé muy gentil contigo.

De igual forma, es imposible que se le pueda otorgar a todas o a la mayoría de las dimensiones un 10, tomando en consideración que la perfección no existe. Inclusive, recordemos que la perfección es un rasgo de personalidad dominante en varias de las heridas discutidas en el libro. El enfoque debe estar en encontrar el equilibrio en todas ellas. En particular, es importante mantener el equilibrio cuando tratamos de superar un momento difícil, ya sea por estrés, una enfermedad, un trauma o una situación emotiva difícil. Parte de este proceso exige concentrarse en nosotros/as mismos/as y en los roles que cumplimos en la vida.

Modelo de tabla

Dimensión	Grado de satisfacción	Objetivos	Actividades	Fecha proyectada	Comentarios
Financiera	3				
Espiritual	5				
Ocupacional	6				
Física	6				
Intelectual	7				
Ambiental	7				
Emocional	8				
Social	8				

Te invito a un café

Hoja de ejercicio

Si pudiste realizar de manera comprensiva cada uno de los ejercicios sugeridos, debo decirte primero que todo, que eres muy valiente por haber accionado en favor de tu bienestar, iniciando así el camino de la sanación y de la transformación que esta trae consigo. Ya tienes algunas de las respuestas a la pregunta: "Y después del café, ¿qué?"

Confío que próximamente sea yo quien reciba la invitación a un café, de la mejor calidad. Uno especial.

¡Gracias por haber aceptado la invitación!

Referencias

Administración de Servicios de Salud Mental y Abuso de Sustancias (SAMHSA). "Creando Una Vida Más Saludable: Guía Paso a Paso Para Lograr el Bienestar". https://store.samhsa.gov/sites/default/files/d7/priv/sma16-4958spanish.pdf

Kathleen C. Basile, Ph.D., científica conductista principal, División de Prevención de la Violencia, Centro Nacional para la Prevención y el Control de Lesiones, Centros para el Control y la Prevención de Enfermedades (CDC). Vea publicaciones: https://www.researchgate.net/profile/Kathleen-Basile-2

Kathryn Jones, M.S.W., asesora de salud pública, Centro Nacional para la Prevención y el Control de Lesiones, Centros para el Control y la Prevención de Enfermedades (CDC). "Continuing the Dialogue: Learning from the Past and Looking to the Future of Intimate Partner Violence and Sexual Violence Prevention". https://www.cdc.gov/violenceprevention/pdf/sv/Continuing-The-Dialogue-508.pdf

Lise Bourbeau, especialista en crecimiento personal. *Las 5 heridas que impiden ser uno mismo*. Planeta Publishing, 2021. https://tinyurl.com/ycyhuw97

Negociado de la Policía de Puerto Rico. Estadísticas de delitos sexuales. 1 de enero hasta 31 de diciembre del 2022. https://policia.pr.gov/estadisticas-delitos-sexuales-y-maltrato-a-menores/

Sharon G. Smith, Ph.D., científica conductista, Centro Nacional para la Prevención y el Control de Lesiones, Centros para el Control y la Prevención de Enfermedades (CDC). Vea publicaciones: https://www.researchgate.net/profile/Sharon-Smith-18

¿Quién te invitó al café?: Sobre la autora

¡Ella huele a café!

Ella huele a café porque es orgánica. Porque a mayor altura (conocimiento) mejor es su cosecha. Porque sus sabores arábicos la llevan a experimentar miles de sensaciones y emociones. Porque aunque en momentos se ha convertido en pasilla (café malo, el que no utilizan), el beneficio del lavado la ha rescatado.

Ella huele a café porque se rodea de mujeres que construyen con sus propias manos y dan al mundo su mejor versión, su mejor sabor. Ella huele a café porque aunque crece en suelos volcánicos se alimenta de los mejores nutrientes. Ella huele a café porque aunque tenga procesos que puedan tardar nueve meses para dar a brotar su grano rojo, previo a eso se viste de flor y se poliniza.

Ella huele a café porque su empaque produce la fragancia. Ella huele a café porque lo sirve a la mesa. Ella huele a café porque tiene momentos dulces, salados, ácidos y rancios.

Ella huele a café porque ha sentido lo que es la ebullición.

En fin, ella huele a café simplemente porque es café. 🖤 ☕

Por: *Jessica X. Fuentes Catala*

Más acerca de la autora

Jessica X. Fuentes Cátala nació el 22 de noviembre del 1977 en Río Piedras, Puerto Rico. Cursó estudios en la Universidad de Puerto Rico, terminando un Bachillerato en Ciencias Sociales. Completó una Maestría en Relaciones Laborales en la Universidad Interamericana como también una Maestría en Consejería Profesional en Salud Mental en University of Phoenix. Inició cursos doctorales en Psicología con competencias en consultorías, investigación y docencia.

Jessica logró culminar sus estudios académicos a pesar de su condición de rosácea que afectó sus ojos y también su visión. Para estudiar en aquel momento necesitaba una lupa. Todo material escrito debía ser en letras grandes y con frecuencia se caía. Sin embargo, esto no fue obstáculo para alcanzar su meta. Al contrario, fue una fortaleza para no dejarse vencer.

Es una mujer de fe, no solo en ella misma, sino fe en su creador, reconociendo que hasta aquí la ha traído, la ha guiado y la ha dirigido. En su juventud, Jessica sirvió en la iglesia para ayudar a otros jóvenes. En este proyecto participó de dos jornadas juveniles celebradas en Brasil y España. Es desde este servicio que creció su llamado a ayudar a otros.

Jessica tiene un profundo sentido de responsabilidad con la justicia y la paz, con velar por aquellos que no tienen voz y hasta son invisibilizados, con los derechos de la mujer, con la dignidad y el respeto a la vida, con velar siempre por el bienestar de los demás. Ha colaborado con varias organizaciones de base comunitaria. En especial, tras el Huracán María participó activamente llevando suministros y artículos de primera necesidad a personas en lugares remotos.

En su tiempo libre, Jessica practica carreras continuas que la llevan a desarrollar resistencia y también a participar en maratones. Como maratonista, su mejor carrera ha sido la vida. Los obstáculos no la han impedido alcanzar la meta propuesta, sino que les han dado fuerza, resistencia y seguridad para seguir y vencer, para continuar desarrollándose como profesional y como ser humano.

Actualmente, Jessica se desempeña como directora ejecutiva de la Red Nacional de Albergues de Violencia de Género. Ofrece consejería profesional a distancia o en línea, talleres, así como educaciones continuas a trabajadores sociales y maestros/as, usando sus experiencias como sobreviviente de abuso sexual para ayudar a otros a través del proceso de sanación. De igual forma sigue visitando comunidades y atendiendo poblaciones vulnerables a través de iniciativas como ConTacto Musical, entre otras.

¿CÓMO CONTACTARME?

Email: jessicaxiomaracpl@outlook.com

facebook.com/jessicaxiomarafuentescatalacpl

instagram: @jessica_x_fuentes_catala_cpl

whatsapp: (787) 383-2730

Coffea arabica L.

Made in the USA
Columbia, SC
26 September 2024